LES ILLUSTRES FEES.

CONTES GALANS.

DEDIÉ AUX DAMES.

A PARIS, AU PALAIS,

Chez MEDARD-MICHEL BRUNET,
à l'entrée de la Grand'Salle,
à l'Esperance.

M. DC. XCVIII.
AVEC PRIVILEGE DV ROY.

AUX DAMES.

MESDAMES,

VOICY de nouveaux Contes que je me donne l'honneur de vous dedier. Je n'aurois jamais pris cette liberté, si je n'estois persuadé de la beauté de l'ouvrage. Vous y trou-

ã ij

verez mille agrémens que vous n'avez pas encore veû dans aucuns Livres de ce caractere. La Puissance des Fées y parroist avec éclat, rien ny est contraint & tout y est conduit avec beaucoup d'esprit. La pureté du style y répond à la délicatesse des pensées, & à la grandeur des évenemens. Mais je ne songe pas, Mesdames, que je vous entretien des charmes de ce Livre au lieu de vous parler du pouvoir de vos appas, je sçay que le sujet en est trop relevé pour une plume aussi

foible que la mienne, & qu'a-
prés ce que l'Auteur des Avantures & Lettres Galantes vous
a dit dans son Epistre dedica-
toire, il y auroit de la teme-
rité à moy de vouloir rencherir
sur des sentimens si tendres &
si delicats. Je me renfermeray
donc dans les bornes de l'admiration, c'est le party que je
prend & celuy de vous asseurer
que je suis avec toute sorte de
respect.

MESDAMES,

       Vôtre tres humble &
       tres-obéïssant serviteur
       BRUNET.

TABLE
DES CONTES
CONTENUS
EN CE VOLUME.

BLANCHE Belle, Conte page 1.

Le Roy Magicien, Conte. p. 25.

Le Prince Roger, Conte. p. 55.

Fortunio, Conte. page 88.

Le Prince Guerini. Conte. p. 132.

La Reine de l'Isle des Fleurs, Conte. page 168.

Le Favory des Fées, Conte. page 198.

Le Bien-faisant, ou Quiribiri-

TABLE.

ni, Conte. page 227.
La Princesse Couronnée par les Fées, Conte. page 261.
La Supercherie Malheureuse, Conte. page 281.
L'Isle Innaccessible, Conte. page 314.

FIN.

Extrait du Privilege du Roy.

PAr Grace & Privilege du Roy donné à Paris le douziéme jour de Janvier 1698. Signé MORET, il est permis au Sieur De *** de faire imprimer, vendre & debiter un Livre intitulé *Recueil de Contes, &c.* pendant le tems de huit années, avec deffences à tous autres d'imprimer, vendre n'y debiter ledit Livre à peine de confiscation des Exemplaires contrefaits & quinze cens livres d'amande, ainsi qu'il est plus au long porté par ledit Privilege.

Regiſtré ſur le Livre de la Communauté des Libraires & Imprimeurs de Paris, le 26. Février 1698.

Signé, P. AUBOÜIN, Syndic.

Ledit Sieur De*** a cedé ſon droit de Privilege à Meſſieurs de Laulne, Libraires à Paris, ſuivant l'accord fait entr'eux: Et Meſſieurs de Laulne ont auſſi retrocedé à Medard Michel Brunet, auſſi Libraire à Paris, leur droit de Privilege, ſuivant l'accord fait entr'eux.

Achevé d'imprimer pour la premiere fois le dernier jour d'Avril 1698.

BLANCHE.

BLANCHE BELLE.

CONTE.

Lamberic Marquis de Monferrat gouvernoit ses Etats avec une grande prosperité; tout lui réuſſiſoit à ſouhait; à la reſerve d'un ſeul bien qu'il deſiroit paſsionement, il possedoit tout ce qui fait la felicité des hommes; il n'avoit jamais peû avoir des enfans dont la Marquise sa femme & luy estoient dans une grande affliction.

La Marquise avoit entendu parler de la naissance de Romulus, que l'antiquité attribuë à une simple conversation que Rhea sa mere avoit eû avec un Silphe, Elle souhaitta mille fois une pareille avanture, & de quelque maniere que ce fust Elle desiroit d'effacer la honte de n'avoir peû estre mere ; un jour qu'Elle estoit seule dans un Cabinet de son Jardin, ayant l'imagination pleine du pouvoir des Silphes, Elle s'endormit, & fut occupée durant son sommeil d'un songe qui lui fit fort grand plaisir, elle avoit crû avoir pas-

BELLE.
sé une nuit fort agreable avec un Silphe beau comme l'amour, & elle s'éveilla fortement persuadée qu'elle estoit grosse, elle ne s'y trompa pas, elle accoucha neuf mois aprés d'une fille qui parut en naissant d'une beauté merveilleuse; comme les maris ont la bisarerie de n'approuver pas que leurs femmes ayent des conversations misterieuses avec les Silphes mesme, la Marquise tint son songe secret, & laissa le Marquis se flater d'être le pere de cette charmante petite Princesse qu'on nomma Blanche Belle parce qu'elle estoit l'une & l'autre.

Elle devint en peu d'années la merveille des merveilles par sa beauté, elle fut élevée avec tant de soin qu'on la vit bien-tost l'admiration de tout le Monferrat, & le bruit s'estant répandu dans

A ij

» toute l'Italie qu'il n'y avoit jamais eu une personne si parfaitte, il n'y eût pas de Potentat qui n'en pretendist faire la conqueste; outre tous les agrémens qui la rendoient si desirable, elle tenoit du Silphe à qui elle devoit le jour un don d'un prix infini, car toutes les fois qu'en s'éveillant elle ouvroit les yeux il luy sortoit une perle de chacun, & la premiere parole qu'elle proferoit chaque jour estoit accompagné d'un rubis qui lui tomboit de la bouche, ce qui estoit la source d'une richesse immense. Le Marquis sachant qu'elle avoit un si beau moyen d'amasser de grands biens devint fort difficile sur le choix du Prince de qui elle feroit la felicité, il songea, avant que de s'en separer, à se servir d'une si belle occasion de mettre sa maison dans un estat bien florissant; & il amassa de si grands Tresorts que rien ne luy pouvoit plus manquer dans le cours de sa vie; cette precaution prudement prise, il se détermina à examiner lequel de tous les Princes qui pretendoient à Blanche Belle estoit le plus digne de posseder tant de beauté & tant de grandeurs, il consulta mesme cette charmante fille qu'il aimoit si tendrement, & ayant appris qu'elle n'avoit pas encore d'inclination au mariage, & qu'aucun de tous ceux qui avoient soupiré pour elle ne lui touchoit le cœur, il ne se pressa pas de se déterminer, dans l'esperance qu'avec le merite & les secrets admirables qu'elle avoit, elle pourroit toûjours choisir qui il lui plairoit, quand le desir de s'engager lui seroit venu ; elle estoit dans cet estat de non-chalance il y avoit longtemps, lorsque le plus aimable Prince que le Soleil eust jamais éclairé parut à la Cour de Casal, c'estoit Fernandin Roy de Naples lequel voulant visiter toutes les Cours d'Italie, ayant commencé par Milan & estant venu de Milan à Casal y borna toute sa curiosité aussitost qu'il eût veu Blanche Belle, & tous ses projets se convertirent en celuy de luy plaire; la Princesse de son costé le trouva si aimable que le Marquis lui yant demandé ce qui luy en sembloit, elle avoüa franchement qu'elle ne seroit pas fâchée qu'un Prince de sa sorte voulust penser à elle, & elle declara au Marquis son pere qu'elle seroit toute preste d'obeïr s'il lui commandoit de l'écouter favorablement quand il lui feroit l'offre de son cœur.

Le Roy de Naples meditoit dans ce mesme temps les moyens de se rendre agreable au Marquis & à la Princesse sa fille, & n'eut aucune peine à y réussir, les dispositions estoient si grandes de part & d'autre pour cette alliance qu'elle fut aussitost concluë que proposée. Le mariage se celebra avec grande pompe. Le Marquis estoit satisfait d'avoir trouvé un grand Roy pour gendre & la Princesse sa fille charmée du merite du Roy son époux se croyoit la plus heureuse personne du monde. Le Roy voulut faire voir à ses sujets l'aimable Princesse qui faisoit son bonheur & elle parut à Naples toute brillante de sa beauté &

ses habits l'estoient de perles & de rubis dont ils estoient chamarez par tout. Le peuple éblouï de tant d'éclat alloit jusqu'à l'adoration pour sa Reine incomparable, & le Roy estoit dans un contentement qu'on ne peut exprimer de posseder dans le milieu des applaudissemens d'une grande Ville la plus aimable Princesse qu'il y eût au monde; mais comme l'on n'a pas encore veû de bonheur éternel, il n'est pas surprenant que le sien ait esté troublé; le Roi de Thunis ayant appris que Fernandin estoit le Maître d'un si rare tresor resolut de le lui ravir; ainsi vivement touché de la relation qu'on lui avoit faite de la beauté de la Reine Blanche Belle, & du don qu'elle avoit de produire tous les jours des Perles & des Rubis, il fit un grand armement pour faire la guerre à Fernandin, lequel ayant autant de soin de conserver sa chere Blanche Belle que sa Couronne, l'envoya dans un Chateau qu'il avoit dans le fond des bois & pria la Reine veuve du Roy son pere & une fille qu'elle avoit d'un premier mariage, de lui vouloir faire compagnie, ce qu'elles accorderent volontiers, estant fort aise d'avoir cette occasion d'executer un mauvais dessein qu'elles avoient medité contre la Reine Blanche Belle dés le premier jour qu'elle avoit parû à Naples.

Cette vielle Reine la haïssoit mortellement parce qu'elle occupoit une place qu'elle avoit pretendu de faire remplir par sa fille, pour qui le Roy Fernandin avoit eû quelque bonne volonté pendant la vie du Roy son pere, jusques à lui avoir mesme fait esperer qu'il l'épouseroit quand il seroit Roi.

La vielle Reine ny sa fille n'avoient fait aucune plainte de l'infidelité du Roi ; mais elles n'en estoient pas moins à craindre, le Roi devoit avoir jugé qu'une haine dissimulée n'en est que plus dangereuse, & qu'une Dame abandonnée pour une autre pardonne rarement l'affront qu'elle pretend qu'on luy a fait, l'aventure de Blanche Belle en a esté un fameux exemple, aussitot que la vielle Reine eût cette charmante personne en sa disposition dans un Chateau où elle estoit la Maîtresse, elle ne songea plus qu'à s'en deffaire, & à mettre sa fille en sa place, mais comment faire pour tromper les yeux du Roy, & mettre la Reine en lieu où il ne pût jamais la retrouver, car toute mechante qu'eſtoit la vieille Reine elle ne la fut pas aſſez pour faire mourir une perſonne qui lui faiſoit tous les jours mille careſſes, ou peut eſtre qu'elle ne ſe vouloit pas rendre le Roi irreconciliable s'il découvroit un jour la ſupercherie qu'elle lui faiſoit; dans tous les embaras d'un ſi grand deſſein, la vielle Reine creût qu'elle ne pouvoit mieux faire que de ſe ſervir du ſecours & du Conſeil d'une illuſtre Fée qui avoit beaucoup contribué par ſon Art à la faire Reine, & avoit toûjours pris un ſoin particulier de ce qui l'avoit regardé depuis ſon enfance, ainſi elle alla la trouver; la Fée avoit ſon Palais dans l'endroit du Bois le plus épais, la vielle Reine y alla, ne meinant que sa fiille avec elle, & aprés avoir bien consulté & pris de bonnes mesures elle dit un jour à la Reine Blanche Belle qu'elle la vouloit meiner dans le plus beau lieu qu'elle eût jamais veû, c'estoit, disoit-elle, une belle prairie entourée de canaux où courroit une si belle eau qu'elle faisoit plaisir à voir, & ils estoient remplis de toute sorte de poissons, il y avoit à un bout de cette prairie, disoit-elle encore, un Chateau où demeuroit une de ses anciennes amies qu'elle seroit bien aise de connoistre, & qu'on ne pouvoit voir que chez elle parce qu'estant incommodée elle ne sortoit guere, & pour donner encore plus de curiosité à la jeune Reine elle lui dit que son amie estoit savante comme les Fées, & qu'elle lui diroit en voyant sa main ce qu'il adviendroit de l'entreprise du Roi de Thunis, & toutes les choses les plus considerables qui lui devoient arriver dans tout le cours de sa vie; quelle curiosité n'a pas une jeune personne qui sait son mari, qu'elle aime tendrement exposé aux évenemens incertains, de la Guerre, & en à-t'on veû quelqu'une qui neglige de savoir l'avenir ; ainsi il n'est pas étonnant que la jeune Reine se fût laissé seduire & mener dans un lieu où elle eût passé tristement sa vie, si le Silphe qui avoit presidé à sa naissance n'eût eû le pouvoir de l'en retirer. Ce Silphe estoit fils d'une Fée plus puissante que l'amie de la vielle Reine, & qui n'avoit jamais rien refusé au Silphe le plus accompli de ses enfans.

La vielle Reine qui croyoit que Blanche Belle ne trouveroit jamais les moyens de sortir des mains de la Fée son amie, la conduisit hardiment chez elle, où aussitost que cette charmante Reine fust arrivée elle se trouva enfermée dans un appartement du Palais. La Fée lui fit entendre que c'estoit une juste punition de l'infidelité qu'elle avoit esté cause que le Roi avoit faite à la fille de la Reine, à qui il avoit promis mariage; mais qu'il ne lui arriveroit aucun autre accident que la perte d'un amant qui ne lui appartenoit pas, & qu'elle seroit servie dans son appartement de maniere qu'elle n'auroit rien à desirer.

BELLE.

Blanche Belle se voyoit dans un lieu écarté à la misericorde d'une vielle personne. qu'elle ne connoissoit pas, & qui lui paroissoit toute puissante dans ce lieu par la quantité d'hommes noirs, & de Nains qui portoient tous des coliers comme ses Esclaves, il n'est pas surprenant qu'une jeune personne ait eû peur en une pareille occasion & qu'elle ait eû recours à la soumission & aux prieres comme elle fit pour tacher de se conserver la vie ; la Fée l'asseura qu'elle n'avoit rien à craindre, & lui promit mesme de faire tout ce qui seroit possible pour lui rendre sa captivité suportable ; il est vray qu'outre qu'elle faisoit servir Blanche Belle avec de grands respects dans son appartement, elle lui faisoit faire fort bonne chere, elle luy donnoit mesme tous les jours le plaisir de la Musique, & lui faisoit porter des livres, elle addoucissoit ainsi sa solitude, mais elle lui avoit mis des Gardes impitoiables à la porte de son appartement de sorte qu'elle n'en pouvoit jamais sortir.

La vielle Reine s'en estoit retournée à son Chateau avec sa fille à qui la Fée son amie avoit, par son art de Ferie, fait prendre si parfaitement la ressemblance de Blanche Belle que tout le monde y fut trompé. La Reine dit qu'elle avoit laissé sa fille à son amie qui la lui avoit demandée pour luy faire compagnie & qu'elle la luy avoit laissée dautant plus volontiers qu'elle promettoit de la faire heritiere de son Chateau & de tous

tous ses biens. Il n'y avoit plus rien à desirer que de pouvoir accoutumer cette nouvelle Princesse à toutes les manieres de Blanche Belle, car pour la ressemblance elle l'avoit parfaite; la Reine prit soin de l'instruire & elle espera que le Roi en seroit satisfait; il n'y avoit qu'un seul deffaut auquel on ne savoit aucun remede, la Fée n'avoit pas eû le pouvoir de lui accorder le don de Perles & de Rubis qu'avoit Blanche Belle ; mais comme la Reine avoit eû la precaution d'en rassembler une grande quantité à mesure que Blanche Belle les produisoit, elle crut que ce seroit un moyen de tromper le Roi long-temps, elle savoit de plus qu'il n'avoit pas fait grand estat de cette sorte de richesse, & il y avoit lieu d'esperer qu'il la regarderoit encore avec plus de nonchalance s'il revenoit, comme il y avoit apparence, victorieux du Roi de Thunis, de qui la dépoüille auroit considerablement augmenté sa fortune.

Le Roi revint veritablement bientost à Naples aprés une victoire complette, & envoïa en toute diligence chercher sa charmante Blanche Belle ; la vielle Reine se mit incontinent en chemin avec une si grande confiance aux mesures qu'elle avoit prises pour faire sa fille Reine qu'elle ne douta pas de lui voir remplir cette place toute sa vie.

La tromperie estoit si habillement faitte que le Roi crut les premiers jours posseder son aimable Blanche Belle, il y trou-

BELLE.

voit pourtant quelque chose à dire, & il crut qu'elle avoit perdu une partie de ses agremens; insensiblement cette pensée le jetta dans des dégouts fort grands, qui furent bientost suivis d'une tristesse & d'une melancolie dont il se trouvoit saisi sans en pouvoir dire precisement la raison, & enfin cette melancolie alla si loin que ne prenant plus aucun plaisir dans sa Cour, il resolut d'aller à la chasse avec fort peu de monde; il choisit le Chateau & la Forest où il avoit prié qu'on menast la Reine pendant la guerre, il y chassa quelques jours de suitte, & toûjours la chasse le conduisoit à la veuë d'un Chateau qu'il ne connoissoit pas, mais dans la nonchalance où il estoit il n'y fit pas grande reflexion; il estoit si détaché de touttes choses qu'il n'avoit aucune curiosité, la Chasse mesme l'occupoit sans luy donner du plaisir; voila l'estat insipide où le Roy estoit tombé; quand tout d'un coup il en fut retiré par une voix qui se fit entendre d'une fenetre du Chateau & qu'il creût reconnoistre ; ne se remettant pas precisement de qui elle estoit, il s'approcha & vît une personne qui lui tendoit les bras & lui demandoit du secours d'un son de voix qui le penetra jusques au fond du cœur, il s'approcha encore un peu, & tout d'un coup il sentit renaître la vivacité des premiers empressemens qu'il avoit eû pour Blanche Belle, il reconnût enfin qu'il voyoit le veritable objet de sa passion ; mais il estoit dans une surprise étrange de voir dans ce Chateau une personne qu'il croyoit à Naples; & ayant reflechi sur le changement si subit qui estoit arrivé dans son cœur il ne savoit si ce qu'il voyoit n'estoit pas un songe, sa surprise devint bien plus grande quand il vît cette personne en l'air, & qu'elle descendoit un moment aprés fort doucement auprés de luy ; son cœur luy disant que c'estoit sa veritable Blanche Belle, il se jetta à terre & l'ayant embrassée tendrement, ils furent tous deux quelques momens sans pouvoir parler ny se quitter; les premiers transports de joïe estans passez Blanche Belle rendit compte au Roi de son avanture, & comme elle s'estoit sentie soulever & porter en l'air par une puissance qu'elle ne connoissoit pas; elle en eût l'obligation au Silphe qui avoit presidé à sa naissance, il estoit venu la délivrer d'une captivité à laquelle elle se croioit condamnée pour toute sa vie & lui fit retrouver la parfaite felicité dont elle avoit plus mille fois regretté la perte que celle de sa liberté.

Le Roi plus passionné qu'il n'avoit encore esté, differa le soin de sa vengeance pour ne songer qu'à reméner sa charmante Blanche Belle au Chateau où il tenoit sa petite Cour, & l'esloigner d'un lieu où il ne savoit pas s'il y avoit encore à craindre pour elle.

Il assembla le lendemain son Conseil où il exposa la mechanceté de la vielle Reine & la supercherie qu'elle & sa fille luy avoient faite, il dit aussi le sujet qu'il avoit de se plaindre de la Fée qui y avoit prefté fa puiffance, & aprés avoir entendu les avis d'un chacun qui alloient tous à des punitions feveres, il ordonna de fon propre mouvement la feule peine du Banniffement contre la vielle Reine & contre fa fille & que le Chateau de la Fée feroit rafé ; mais la Reine & fa fille s'eftoient déja retirées avant que d'avoir fceu le jugement qui avoit efté prononcé contre elles, & le Chateau de la Fée fut cherché inutillement par ceux qui avoient l'ordre de le faire rafer, il y a apparence qu'il avoit efté tranfporté ailleurs, & qu'en quelque endroit que ce fuft il avoit fervy de retraite à la vielle Reine & à fa fille, qui y allerent paffer leur vie dans les regrets d'avoir commis un crime inutile,

& laissérent le Roi Fernandin, le plus heureux de tous les Princes, auprés de sa charmante Blanche Belle, pour qui sa Passion augmenta tous les jours pendant le cours d'une longue vie. Merveille dont on n'avoit jamais veu d'exemple.

LE ROY
MAGICIEN.
CONTE.

L y avoit autrefois un Roi qui étoit puiſ-ſant, tant par l'éten-duë de ſa Domina-tion que par les ſecrets de ma-gie qu'il poſſedoit. Aprés avoir

passé ses jeunes années dans tous les plaisirs, qui ne pouvoient manquer à un Prince riche & Magicien, il rencontra une Princesse d'une grande beauté qui fixa son humeur volage, car il avoit toûjours volé de belle en belle. Il la demanda en mariage, & l'ayant obtenuë, il se crût le plus heureux des hommes de posseder une si aimable personne de qui il étoit parfaitement aimé.

On vit naître de cette belle union avant la fin de l'année un fils digne de sa naissance, car il parut en entrant au monde, d'une beauté si merveilleuse qu'il faisoit l'admiration de toute la Cour. Dez que la Reine sa mere le crut assez fort pour pouvoir supporter la fatigue d'un petit voyage, elle prit le pretexte de lui faire prendre l'air & le fit conduire secrettement chez une Fée qu'elle avoit pour Marraine.

Je dis secrettement, car la Fée avoit averti la Reine que le Roy étoit Magicien, & comme il y a eu de tout tems une guerre fort animée entre les Sorciers & les Fées, le Roy n'eût pas trouvé bon qu'on eut entretenu commerce avec elles.

Celle qui étoit la Marraine de la Reine avoit son Palais dans une Forest qui n'étoit pas éloignée de la Cour, & la Reine comme j'ay dit y mena son Fils pour recevoir de la Fée les dons de féerie, si utiles dans les aventures, ausquelles les Princes sont destinés.

La Fée qui s'interessoit tres-particulierement à tout ce qui
C ij

touchoit la Reine, & qui trouvoit le jeune Prince fort joly luy donna l'art de plaire à tout le monde, pour ainsi dire dez le berceau, & dans la suite du tems une facilité merveilleuse à apprendre tout ce qui pouvoit le rendre un jour un Prince accompli. Il y faisoit un si grand progrés que tous ceux qui se trouvoient chargez de son education étoient charmez de voir qu'il prevenoit tous les jours leur attente.

Ce Prince de si grande esperance n'étoit pas encore fort avancé en âge lors qu'il perdit la Reine sa mere qui lui donna pour dernier conseil, en mourant, de ne rien resoudre qui fut de consequence sans avoir demandé l'avis de la Fée qui l'avoit pris sous sa protection.

Le Prince reçût les conseils de la Reine avec tout le respect possible, & ses derniers soupirs avec une affliction qu'on ne peut exprimer sans l'avoir vûë, & que rien ne pouvoit égaler que celle du Roy son pere qui étoit inconsolable de perdre une charmante Princesse avec laquelle il avoit esperé de passer la vie la plus heureuse qu'il eût pû desirer.

Le tems ny la raison ne le pouvant consoler, & la vûë de tous les endroits de son Palais, où il avoit entretenu cette charmante personne, luy renouvellant tous les jours ses douleurs, il resolut d'aller voyager avec peu de monde, mais comme il étoit Magicien, il quittoit souvent ce peu de monde pour plusieurs jours, & quelques fois pour plusieurs semaines, mais aprés avoir parcouru, sous des formes différentes, tous les païs qui lui donnoient de la curiosité, il revenoit dans le lieu où il avoit laissé sa petite suite.

Aprés avoir ainsi voltigé longtems, de Royaume en Royaume sans avoir rien trouvé qui le touchât, il s'avisa de se transformer en Aigle, & en cet équipage il fendit l'air, traversa une infinité de païs où il n'avoit pas encore été & parvint jusqu'à une region qu'il trouva trés-agreable par la douceur de l'air qu'on y respiroit, causée par l'odeur du Jasmin & de la fleur d'Orange dont toute la terre étoit couverte. Charmé de cette odeur il fit descendre son vol un peu plus bas pour voir de plus prés ce qui

MAGICIEN.

lui causoit tant de plaisirs. Et enfin il apperçût au dessous de luy des Jardins qui lui parurent d'une beauté enchantée, des parterres faits de differentes manieres, chargez de toutes les plus belles fleurs qu'on se peut imaginer, des bassins remplis d'une eau vive & claire, poussée dans les airs en cent figures differentes, autant de jets d'eau, qui s'élevoient d'une hauteur prodigieuse. D'un autre côté des cascades dont le bruit étoit propre à entretenir sa melancolie, se presentoient à ses yeux.

Il y avoit aussi plusieurs canaux revetus de marbre, & de porfire, chargez de Galiotes & de Gondoles, où l'on voyoit briller l'Or & l'Azur jusques sur les avirons. Mais des objets bien plus brillans encore luy fraperent la veuë. Plusieurs personnes d'une grande beauté, vetuës d'une maniere à eblouïr par la quantité de perles & de diamens dont leurs habits tissus d'or estoient garnis, remplissoient les Galiotes & les Gondoles; C'estoit la Reine de ces lieux; & auprés d'elle la Princesse sa fille plus belle que l'astre du jour, avec toutes les Dames de la Cour qui estoient sorties du Palais pour prendre l'air depuis que le Soleil s'estoit retirée.

Jamais mortelle n'a paru si brillante que parut alors cette adorable Princesse, & le Roy eust besoin de ses yeux d'Aigles pour en soutenir tout l'eclat. Il fut si charmé d'un si beau spectacle, qu'il en perdit

MAGICIEN.

l'usage de ses aîles, & qu'il se trouva arresté par une puissance à laquelle il n'étoit pas possible de resister, il se percha au haut d'un gros Oranger sur le bord du Canal qui portoit cette superbe Flotte, & là il contempla long-tems tous les attraits de cette divine Princesse. Comme un Aigle qui a le cœur d'un Roy est audacieux, il forma sur l'heure le dessein d'enlever la Princesse. Il étoit si touché de sa beauté qu'il prévoyoit ne pouvoir plus vivre sans la posseder. Ce dessein estoit grand & beaucoup au dessus de la force ordinaire d'un Aigle ; mais le Roy trouva dans son Art des forces proportionnées à son projet & s'en estant pourvû il ne songea plus qu'à le faire réüssir.

Il attendit que la Princesse fut sortie de sa Galiote, & la voyant un peu separée de sa troupe, il prit si bien son tems qu'il l'enleva en l'air avant que son Ecuyer qui se preparoit à luy donner la main s'en fut apperceu; la Princesse faisoit des cris & des plaintes si touchantes, entre les serres de son Ravisseur, que peu s'en faut qu'il ne se repentit de son entreprise, cependant comme il y eut eu de la foiblesse, à manquer d'achever l'execution d'un si beau dessein, l'Aigle continua à traverser les airs avec une rapidité qui lui ôtoit les moyens de faire entendre à la Princesse les sentimens tendres & respectueux qu'il avoit pour elle. Mais quand il se creut en seureté, il abaissa insensiblement son vol, & posa doucement la Princesse dans une prairie émaillée de fleurs. Ce fut là qu'aprés luy avoir demandé mille fois pardon de la violence qu'il luy avoit faitte, il lui expliqua qu'il la conduisoit dans un Royaume florissant, où il étoit le maître, & dont il vouloit la mettre en possession, avec plus d'authorité qu'il n'en avoit lui-même.

Il n'oublia rien pour lui faire valoir sa tendresse, & il n'épargna aucun des sermens que font les Amans pour lui persuader qu'elle seroit éternelle. La Princesse encore épouvantée du peril où elle s'étoit veuë fut quelque tems sans parler. Mais quand elle eût un peu repris ses esprits, & qu'elle ne se vit plus entre les bras de la Reine sa chere mere, penetrée d'une douleur profonde elle verſa un torrent de larmes, le Roy qui l'aimoit veritablement en fut touché: ceſſez de vous affliger adorable Princeſſe, luy dit-il, je ne cherche qu'à vous rendre la plus heureuſe perſonne du monde. Si vous me dites vray, Seigneur, luy repartit la Princeſſe, je vous demande la liberté que vous m'avés ravie, autrement ſouffrez que la violence que vous me faites aujourd'huy me faſſe vous regarder comme mon plus cruel ennemy. Elle tâcha de l'adoucir enſuite en luy diſant qu'il pouvoit la demander au Roy ſon pere, de qui il y avoit apparence qu'il l'obtiendroit, puiſqu'eſtant un puiſſant Roi, comme il diſoit, il n'y auroit pas de raiſon de refuser son alliance. Le Roy repartit à la Princesse qu'il étoit au desespoir de la voir s'y opposée à son dessein, mais qu'il se flatoit de le lui rendre plus agreable en la conduisant en un lieu où elle seroit respectée de tout le monde, & où il pouvoit l'asseurer que les plaisirs naîtroient sous ses pas : dans ce même moment, il reprit la Princesse, & malgré ses cris qu'elle redoubla de toute sa force, il la transporta avec la même rapidité jusques auprés de la Ville Capitale de ses Estats. Il la mit doucemét sur un Gazon, & à peine y fût-elle, qu'elle vit en un instant sortir dessous ses pieds un Palais d'une magnificence extraordinaire; l'Architecture en estoit tres-belle & tres-reguliere: l'or brilloit également dans les dehors comme dans les appartemens qui eſtoient ornés de meubles tres-précieux. Tout ce qui pouvoit flatter les ſens & l'ambition s'y rencontroit en abondance; & il n'eſtoit pas poſſible de rien ſouhaiter, qu'il ne s'y trouvaſt. La Princeſſe qui crût y eſtre ſeule, fut agreablement ſurpriſe de s'y voir environnée d'un nombre de Filles trés-belles & trés-aimables, qui s'empreſſoient à l'envie l'une de l'autre à la ſervir: un Perroquet d'un plumage admirable, lui diſoit les plus jolies choſes du monde.

Le Roy avoit repris ſa forme naturelle, en arrivant dans ce Palais; & quoiqu'il ne fût plus dans une grande jeuneſſe, il auroit eu de quoi plaire à toute autre qu'à la Princeſſe; mais elle eſtoit prévenuë d'une ſi grande haine contre ce Prince, par la violence qu'il luy avoit faite, que quoiqu'elle se vît en sa puissance, & éloignée de toute esperance de secours, il ne luy fust pas possible de le regarder autrement que comme son Ennemi, & elle ne pût jamais répondre à tout ce qu'il luy disoit pour la toucher, que des parolles pleines de son ressentiment.

Le Roy esperant cependant que le temps addouciroit l'esprit de la Princesse, & que ne voyant que luy d'homme, elle s'y accoûtumeroit. Il eut la précaution d'entourer le Palais de la Princesse d'un nuage impenetrable; & s'en alla aprés cela se montrer dans sa Cour, où l'on estoit en de grandes inquietudes de n'avoir appris de ses nouvelles il y avoit long-temps. Le Prince son Fils

& tous les Courtisans furent ravis de joye de revoir leur Roy, car il éstoit parfaitement aimé de tous ses Sujets; ils eurent ensuite le déplaisir de le voir plus rarement qu'au temps passé; il prenoit le pretexte des affaires qu'il avoit trouvé à son retour, pour s'enfermer dans son Cabinet; mais c'estoit veritablement pour pouvoir passer ce temps-là auprés de la Princesse, qu'il avoit la douleur de trouver toûjours inflexible. Ne sçachant donc quel remede a un si grand mal, ny ce qui pouvoit estre la cause de l'obstination de la Princesse; il eut peur que malgré ses précautions elle n'eust oüi parler du merite du Prince son Fils qui estoit jeune & beau, & adoré à la Cour pour sa bonté; il en fut dans une inquietude horrible;

& n'y trouva de soulagement qu'en éloignant le Prince son Fils; il lui proposa d'aller voyager, & lui donna un équipage magnifique.

Le Prince visita plusieurs cours où il fit plus ou moins de séjour selon qu'il les trouva agreables; il arriva enfin en celle où l'on portoit le deüil de la Princesse enlevée: le Roy & la Reine luy firent un accueil fort gracieux; le temps & la presence d'un jeune Prince aimable, ayant addouci la douleur que leur avoit causé la perte de la Princesse, l'on vit peu à peu revivre les plaisirs à la Cour, & le jeune Prince estoit de toutes les parties.

Un jour que la Cour estoit dans le Cabinet de la Reine, le Prince ayant apperçû un Portrait d'une grande beauté, il en fut tout d'un coup frappé; il demanda avec empreſſement de qui il eſtoit, la Reine qui l'entendit, prit la parole pour la perſonne à qui le Prince avoit parlé, & dit, que c'eſtoit ce qui luy eſtoit demeuré de ſa chere Fille, laquelle luy avoit eſté enlevée, ne ſçachant ny comment, ny par qui : la Reine ne pouvoit parler de cette triſte avanture ſans répandre des larmes.

Le Prince en fut ſenſiblement touché, & dans l'inſtant promit à la Reine de chercher la Princeſſe par tout le monde, & de ne prendre aucun repos qu'il ne la luy euſt remiſe entre les mains. La Reine l'aſſeura qu'elle recevroit avec une reconnoiſſance éternelle une grace ſi ſinguliere, & luy dit même, que ſi la Prin-

MAGICIEN.

cesse luy estoit agreable, elle la luy donneroit en Mariage avec les Estats dont elle estoit la Souveraine: la Reine estoit heritiere d'un Royaume voisin dont le Roy trouvoit bon qu'elle disposast comme il luy plaisoit: le Prince plus touché de l'esperance de posseder la Princesse, que le Royaume qu'on lui proposoit, prit congé du Roy & de la Reine & partit pour son entreprise: La Reine luy avoit donné un Portrait de la Princesse qu'elle portoit au bras, afin luy dit-elle, que vous n'en perdiez pas l'idée & que vous n'ayez pas de peine à la reconnoistre quand vous la rencontrerez.

Le Prince déja tres-passionné pour cette charmante Princesse, de qui il n'avoit pourtant encore veu que la ressemblance partit le cœur plein d'esperance, & s'en alla à grandes journées trouver la Fée, à qui la Reine sa Mere l'avoit recommandé: Il la supplia de le secourir de son Art & de ses Conseils dans une occasion si importante : la Fée ayant appris toutes les circonstances de l'aventure, demanda du temps pour consulter ses Livres, & dit au Prince aprés y avoir pensé, que la Princesse qu'il cherchoit estoit fort prés de luy, mais qu'il estoit trop difficile de penetrer dans le Palais enchanté où le Roi son Pere la tenoit, parce qu'il l'avoit couvert d'un nuage fort épais ; que le seul expedient qu'elle croyoit y pouvoir trouver seroit de se saisir d'un Perroquet que la Princesse avoit, ce qu'elle ne voyoit pas impossible, parce qu'il sortoit quelques fois, &

voloit même assez loin du Palais.

La Fée qui avoit une grande passion de faire plaisir à un Prince Fils d'une Princesse qu'elle avoit aimée uniquement, sortit incontinent, & s'en alla tâcher de rencontrer le Perroquet : elle revint un moment aprés le tenant dans la main, elle l'enferma aussi-tôt dans une cage ; & ayant touché le Prince d'une Baguette mysterieuse, elle le transforma en Perroquet, & l'instruisit de la maniere qu'il falloit se conduire pour penetrer jusques auprés de la Princesse : Le Prince Bien instruit à faire le Perroquet, aborda cette Charmante Princesse, qu'il trouva d'une beauté cent fois au dessus de celle qu'il luy avoit creu : il en demeura si interdit que la Princesse en fut surprise ; elle avoit peur que son Perroquet ne fût malade, & comme il faisoit toute sa consolation, elle le prit & le carressa, ce qui rasseura le Prince, & luy donna assez de hardiesse pour bien faire son personnage ; il dit mille jolies choses, desorte que la Princesse en fut charmée : le Roy vint, & le Perroquet eut le plaisir de le voir haï ; quand le Roy fut party, la Princesse entra seule dans son Cabinet, le Perroquet y vola, & fut temoin des plaintes qu'elle faisoit de la persecution du Roy qui l'avoit instament priée de se déterminer à l'épouser.

Le Perroquet luy dit pour la consoler mille choses, où elle trouva tant d'esprit, qu'elle douta quelque fois si c'estoit en effet son Perroquet qui l'entre-

MAGICIEN.

tenoit si agreablement ; il luy dit encore des choses plus fortes dont elle demeura fort estonnée: quand il la vit dans les dispositions qu'il souhaitoit : j'ay un secret tres-important à vous confier Madame, luy dit-il ; je vous prie de ne vous point allarmer des choses que je vais vous apprendre : je suis icy pour vous délivrer Madame, & c'est de la part de la Reine vostre Mere que j'y suis, & pour vous prouver ce que je vous dis , regardez ce Portrait que la Reine vostre Mere m'a donnée. Il le tira de dessous l'une de ses aîles ; la surprise de la Princesse fut bien grande, mais elle ne pouvoit qu'elle ne conçût des esperances de ce qu'elle voyoit & de ce qu'elle entendoit, parce qu'elle avoit reconnu le Portrait, pour estre celuy que la Reine sa Mere portoit au bras : le Perroquet voyant que la Princesse n'estoit pas fort allarmée, luy dit qui il estoit, ce que la Reine luy avoit promis, & les secours qu'il avoit déja receu d'une Fée qui l'avoit de plus asseuré, qu'elle luy donneroit tous les moyens de transporter la Princesse jusques dans le Cabinet de la Reine sa Mere.

Quand il vit que la Princesse l'écoutoit attentivement, il la supplia de luy permetre de reprendre devant elle sa forme naturelle : la Princesse n'ayant rien répondu, il tira une plume de son aîle, & la Princesse vit aussi-tôt un Prince qui estoit d'une beauté à surprendre, & elle se laissa doucement flatter de l'esperance de devoir sa liberté à un Prince qui luy
avoit

MAGICIEN.

avoit parû si aimable.

La Fée qui avoit pris le soin de la conduite de cette avanture, avoit fait faire un Char capable de contenir le Prince & la Princesse, & y avoit fait attacher deux Aigles si puissans, qu'ils estoient capables de le mener jusqu'au bout du Monde; & ayant mis le Perroquet qu'elle tenoit en Cage dans le Char, elle le chargea de le conduire jusqu'à la Fenestre du Cabinet de la Princesse, ce qui fut executé en un moment; & la Princesse s'étant mise dans le Char avec le Prince, elle fut fort aise d'y trouver aussi son Perroquet.

Aussi-tôt que la Princesse fut dans l'air, elle apperçût une personne montée sur un Aigle qui marchoit à la tête de son Char, elle en fut étonnée, mais le

Prince la rasseura, en luy disant que c'estoit la bonne Fée à qui elle avoit l'obligation de tout le secours qui luy arrivoit, qui la vouloit conduire jusqu'au Cabinet de la Reine sa Mere.

Le Roi qui ne dormoit pas d'un sommeil tranquille, depuis le premier jour qu'il avoit veu la Princesse, s'éveilla en sursaut; il venoit de voir en songe qu'on luy enlevoit la Princesse, il reprit sa forme d'Aigle, il vola à son Palais, où ne l'ayant pas trouvée, il entra dans une furie horrible, il revint au plus vîte chez luy pour consulter ses Livres; & ayant compris que c'estoit son Fils qui luy enlevoit ce précieux Tresor, il se transforma dans un moment en Harpie, & possedé de rage, il résolut de devorer son Fils & même la Princesse

MAGICIEN. 51
s'il les rencontroit; il perça l'air avec une rapidité inouïe, mais il eſtoit party trop tard; & la Fée qui avoit préveu qu'il les ſuivroit, avoit élevé derriere eux des vents impetueux dans l'air qui retarderent ſon vol, & donnerent au Prince & à la Princeſſe le temps d'arriver en ſeureté juſques dans le Cabinet de la Reine, qui y eſtoit dans des impatiences dont elle ne connoiſſoit pas la cauſe, & comme ſi elle euſt eu un preſſentiment de quelque évenement extraordinaire : avec quel joye croyez-vous qu'elle receut la Princeſſe qu'elle avoit tant regrettée, & ce Prince ſi aimable qui la luy faiſoit revoir.

La Fée entra auſſi dans le Cabinet, & avertit la Reine que le Roy Magicien, à qui on venoit

E ij

d'enlever ce qui luy eſtoit plus cher que ſa Couronne, arriveroit inceſſamment, & que rien ne pourroit garentir de ſa fureur aidée de ſes enchantemens, le Prince & la Princeſſe ſi on ne les marioit, & qu'il ne pourroit rien contre eux, auſſi-toſt qu'ils ſeroient unis par le lien de Mariage : la Reine en fit incontinent avertir le Roy, & le Mariage ſe fit : le Roy Magicien arriva à la fin de la Ceremonie, le deſeſpoir où il eſtoit d'eſtre arrivé ſi tard, luy ayant troublé la tête ; il parût ſous ſa forme naturelle, & entreprit de jetter ſur le Prince & la Princeſſe mariées une liqueur noire capable de les faire mourir ; mais la Fée avança une Baguette qu'elle tenoit à la main, & fit retourner la liqueur ſur le Roy qui la ve-

MAGICIEN.

noit de jetter, dont il tomba ayant perdu l'usage de tous les sens.

Le Roy chez qui il venoit de vouloir exercer une vengeance si cruelle, s'en sentant fort offensé, le fit enlever & mettre dans une prison: les Magiciens n'ayant plus aucun pouvoir lors qu'ils sont en Prison; le Roy prisonnier qui l'éprouvoit se trouva fort embarassé de se voir sous la puissance d'un Roy qu'il avoit si fort offensé; mais on n'avoit garde de se porter à aucune cruauté, dans un jour d'une si grande réjouïssance ; le Prince ayant demandé la grace du Roy son Pere l'obtint, luy fit ouvrir la Prison ; elle ne fut pas plûtôt ouverte, qu'on vit le Roy dans l'air sous la forme d'un oiseau qu'on ne connoissoit pas, il dit seulement en partant qu'il ne pardonneroit jamais à son Fils ny à la Fée sa voisine le cruel affront qu'il luy avoient fait. La Fée fut priée de s'établir dans le Royaume où elle se trouvoit ; elle l'accorda & y transporta ses Livres & ses secrets de Féerie; elle y batit un nouveau Palais où elle fit sa demeure, & l'on ne songea plus dans cette Cour qu'à rendre à la genereuse Fée la reconnoissance qu'on luy devoit de tant d'obligations, & à joüir de la felicité parfaite ou elle avoit mis toute la famille Royalle. Le Prince & la Princesse passerent ensemble une longue vie tres-heureuse, & laisserent en possession d'un Royaume une posterité qui fût toûjours couverte de gloire.

LE PRINCE ROGER.

CONTE.

IL y avoit autrefois un Comte de Poitou, qui vouloit faire voir le monde à son Fils aîné dans la veuë de le rendre plus honnête homme, & d'estre instruit à son retour de plusieurs choses, qu'il avoit curiosité de sçavoir, mais ayant peur qu'il ne luy arrivât des accidens, comme il en arrive assez souvent dans les grands Voyages, principalement en ces temps-là, auxquels les chemins estoient pleins de voleurs, & qu'on se disputoit les moindres choses par les armes.

Quelle précaution prendre contre de si grands dangers? Il se souvint d'avoir oüi dire que Melusine, de qui il descendoit en ligne directe, avoit esté Fée, qu'elle avoit laissé des secrets de féerie admirables & plusieurs instrumens servans à des usages particuliers de son Art. C'estoit une ancienne tradition de sa Maison, il se mit à penser où il pourroit trouver tout cela, & jugea que ce seroit dans la Tour de Lufignan, demeure ancienne de Melufine & où elle apparoît encore de temps en temps, fi l'on en croit les Croniques du Poitou.

Le Comte impatient de trouver ce qu'il cherchoit, ne fe contenta pas de faire percer la Tour en plufieurs endroits; il renverfa des murs entiers, & fit fi bien, qu'il trouva ce Trefor caché pendant tant d'années. C'eftoit un petit Coffre couvert par tout de lames d'acier, dont l'ouvrage eftoit fi fin & fi délicat, & la matiere fi brillante, qu'il eftoit aifé de s'y voir de tous côtez. Le Comte ne douta nullement que les fecrets de la Fée fon Ayeule ne fuffent enfermés dans ce Coffre. Il chercha de tous côtez un endroit par où on le pût ouvrir, & n'en ayant pû trouver aucun il prit la resolution de le faire rompre à coups de hache. C'estoit pourtant grand domage ; mais quel moyen de faire autrement à moins que de renoncer à tous les avantages que l'on pouvoit tirer de ces secrets? car il y avoit lieu de juger qu'un si beau coffre contenoit des choses encore plus belles ; on appella donc des ouvriers, & le coffre fut rompu, Mais quelle surprise, lorsqu'on en vit sortir une lumiere qui ébloüit tous les assistans, & les saisit d'un si grand étonnement que personne n'osoit en approcher. Cette lumiere estant peu à peu disparuë le Comte mit la main dans le coffre, & la premiere chose qu'il en tira fut un Livre dont la couverture estoit d'un beau cristal, mais d'un cristal peint de toutes les couleurs les plus vives & les plus éclatantes, imprimées dans la matiere de maniere qu'elles y paroiſſoient naturelles, les feüillets eſtoient d'un or fin & poli, & les lettres eſtoient d'azur & du plus beau caractere qu'on ait jamais veû.

Tout le monde fut ſurpris d'une choſe ſi nouvelle, & le Comte crût avoir trouvé un Livre qui ne contenoit rien moins que des Oracles, il le leût avec empreſſement & trouva des ſecrets dont il ne fit confidence à perſonne, & qui comprenoient apparement les predictions de ce qui eſt arrivé de grand à ſa poſterité, dont il y a eû des Rois dans des Regions eſloignées.

Le Comte trouva auſſi dans ce Coffre quelques Baguetes miſterieuſes, & pluſieurs Anneaux d'or à chacun desquels Melusine avoit attaché quelque charme & qu'elle avoit enfermés dans ce Coffre pour servir à celuy de ses descendans qui auroit le bonheur de le trouver. On ne conte pour rien les Pierreries & l'or qu'on y trouva en abondance, ceux qui ont la connoissance des Secrets des Fées, n'en ont pas besoin, & jamais rien ne leur manque, aussi le Comte fit-il liberalement part à tous ceux qui estoient auprés de luy de ces richesses communes & ne se reserva pour lui que les seuls charmes de la Féerie, qu'il communiqua au Prince son cher fils, qu'il fit partir peu de jours aprés.

Il lui donna sur tout une Baguette d'yvoire qui avoit le pouvoir de methamorphoser tout ce qu'elle toucheroit en tout ce qui plairoit à celui qui la porteroit. Il lui donna aussi des anneaux d'or qui avoit la vertu de rendre invisibles les hommes qui les portoient à découvert, & il lui en donna quatre afin qu'il s'en pût servir dans les occasions où il seroit obligé d'avoir deux ou trois de ses gens auprés de lui.

Avec cet appareil, & un Equipage magnifique, le jeune Comte de Poitou partit pour chercher des avantures, il fit dix lieuës la premiere journée, & ayant laissé son Equipage, il marcha avec son Ecuyer seulement, & fit encore deux lieuës à l'entrée de la nuit, mais s'etant approché d'un Chateau où estoit une Dame pour qui il avoit une forte inclination, il laissa ses chevaux dans une Hotellerie sur le chemin, & s'en alla avec son Ecuyer droit au Chateau; ce fut là où il esprouva la premiere fois le charme de ses anneaux d'Or, car il s'introduisit jusques dans le cabinet de la Dame, sans avoir esté veu quoiqu'il eût rencontré beaucoup de monde, il s'y cacha pour attendre qu'elle fut seule & couchée.

Il avoit fait mettre son Ecuyer dans un endroit de la maison où il luy avoit dit de se tenir jusqu'à ce qu'il le vint prendre; comme le jeune Cavalier n'aimoit pas à dire les particularités de ses avantures, on ne sait pas ce qui se passa entre luy, & la Dame, ce qu'on sait est qu'il sortit le matin avec son Ecuyer fort satisfait apparement de la nuit, & d'avoir éprouvé le pouvoir de ses Anneaux, il retourna au plus viste à l'Hostelerie où il avoit laiſſé ſes chevaux, fit un leger déjeuner, & alla joindre ſon Equipage dans le lieu où il l'avoit laiſſé, on jugea dans ce lieu là qu'il venoit de paſſer la nuit en bonne fortune, & on le jugea d'autant plus qu'il ſe coucha en arrivant & dormit quelques heures. A ſon réveil il partit, aprés avoir un peu mangé, il prit le chemin de Barcelonne & marcha ſans avoir recherché les occaſions de ſe ſervir de tous les beaux ſecrets qu'il poſſedoit, qu'il reſervoit pour la Cour de Catalogne, où il arriva le cœur plein de hautes eſperances; ce n'eſtoit pas ſans raiſon puiſqu'eſtant beau comme l'amour il n'eſtoit pas poſſible qu'il ne fût deſiré, outre qu'aiant de ſi beaux moiens de tromper les jaloux il devoit trouver de grandes facilités à se faire heureux.

Il arriva a Barcelone le propre jour que commençoient des Tournois que le Comte de Catalogne avoit convoqués à l'occasion du Mariage de la Princesse sa fille qui se devoit faire incessament, tous les Chevaliers de toutes les Cours d'Espagne même de celles des Rois Maures y estoient chacun le plus magnifique ; la Princesse pour qui la Feste se faisoit estoit plus belle que l'Astre du jour, & le Prince Roger, c'estoit le nom du jeune Prince du Poitou, fut frapé de sa beauté au premier moment qu'il la vit & ayant appris qui elle estoit, & qu'elle s'alloit marier, il en fut fort fâché: il eût bien voulu l'ôter à cet heureux Rival, non pas qu'il
l'eust

l'euſt voulu eſpouſer, car il n'avoit pas reſolu de borner à cette Cour les avantures qu'il s'eſtoit propoſé de chercher, mais il eſtoit déja jaloux des faveurs qu'elle deſtinoit à ſon mary & il euſt voulu qu'elles euſſent eſté toutes reſervées pour lui.

Il ſe fit preſenter au Comte de Catalogne & à la Princeſſe comme un Chevalier François qui cherchoit les Avantures de Chevalerie, & qui eſtoit venu à leur Cour ſur le bruit du Tournoi qui y eſtoit convoqué; on le trouva fort bien fait, & la Princeſſe commença de fort bonne heure à le regarder de bon œil, il s'en apperçut & reſolut d'en profiter; il ſe retira chez lui pour s'armer & ſe preſenta dans la Lice avec une Armure ſi belle qu'elle attiroit les yeux de tout le monde, on n'en avoit jamais veû de si éclatante ; il courut contre tous venans, & fut toujours le vainqueur, voyez quel avantage c'eſt d'avoir la protection d'une puiſſante Fée comme Meluſine, il emporta les prix trois jours de ſuitte, & les receut toûjours de la main de cette Princeſſe qu'il avoit trouvée ſi charmante. Quel bonheur d'eſtre couvert de gloire, car il eſtoit l'admiration de tous les Spectateurs, & il eſtoit encore recompenſé par les mains de l'amour meſme, puiſqu'il eſt vrai que la Princeſſe en avoit déja pour lui !

Les courſes finies il ſe meſla dans les converſations, & dans les autres plaiſirs de la Cour plus tranquilles que les Tournois. Il ſe ſervit plus d'une fois de son Anneau d'Or pour se tenir auprés de la Princesse sans en estre veû, & il fut témoin des entretiens fades & languissans que lui faisoir le Prince à qui elle estoit promise, il connut aisément que l'Amour ne se mesloit guere de ce mariage, aussi ne se faisoit-il que par politique. Il esseïa de connoistre ce qui se passoit dans le cœur de cette Princesse, il fut témoin de ses frequens soupirs, & estant persuadé qu'ils ne pouvoient être pour le Prince qu'elle alloit épouser, il presuma que ce pouvoit estre pour luy ; il n'eust plus sujet d'en douter, car la Princesse qui ne croyoit estre entenduë que d'une personne qui étoit sa confidente, dit: Ah ma chere! que le sort d'une Princesse est cruel de se voir destinée par politique à épouser la personne du monde qu'elle aime le moins ! Falloit-il me faire voir tous les plus aimable Chevaliers du monde, pour me faire après cela passer ma vie avec celui de tous qui l'est le moins ? Hé ! que je croirois estre heureuse si je la passois avec celui qui a esté le vainqueur de tous les autres, & qui n'a receu de ma main que le moindre des prix que je lui eusse voulu donner, tant je le trouve digne de tout.

Le Prince Roger estant asseuré par ce discours qu'il estoit tendrement aimé, ne fut plus occupé que du soin de dire qu'il aimoit aussi, il cacha aussitost son Anneau d'Or & s'estant rendu visible, il aborda la Princesse, qui rougit à la veuë de cet aimable Chevalier comme si elle eust eu peur qu'il n'eust entendu ce qu'elle venoit de dire, ce n'est pas qu'elle eust esté fâchée qu'il l'eust sceu; mais elle eust eu honte de s'estre declarée la premiere.

Le Prince qui savoit parfaitement bien son monde & que c'estoit à luy à parler le premier lui dit qu'il se trouvoit bien malheureux d'estre venu à la Cour de Barcelonne precisément pour estre témoin de la felicité d'un Prince qui n'en étoit peut-estre pas le plus digne, parce qu'il ne connoissoit pas assez le prix d'un bien qui ne devoit estre que la recompense d'une grande passion, ce qui ne lui estoit accordé, disoit-on à la Cour, qu'à cause du voisinage de ses Etats, faut-il, continua le Prince Roger que la plus aimable Princesse du monde n'ait pas le pouvoir de choisir, & qu'il ne soit pas permis de la disputer à celuy qui ne l'brient pas de son choix ; non répondit la Princesse, mon sort est reglé, & je n'ai qu'à m'y soumettre ; mais Princesse, dit le passionné Roger, si vous permettiez de le changer, il ne seroit peut-estre pas impossible d'y réussir, non, repondit-elle, il n'est pas au pouvoir des hommes, & je n'y veux jamais songer, vous pouvez du moins, lui dit encore le Prince, qui avoit d'autres desseins que de l'empescher de se marier, disposer de vôtre cœur à vôtre gré, & s'il estoit deû à celuy qui en connoît mieux le prix je ferois en droit de le disputer à tous ceux qui y ont jamais pretendu, si je consultois mon cœur repondit la Princesse, je n'en serois que plus malheureuse, laissez-moi je vous en prie, ajouta-t'elle, suivre une destinée que je ne puis changer sans m'exposer à trop de malheurs, le Comte mon pere est inébranlable dans ses resolutions, & cette affaire est trop avancée pour pouvoir estre rompuë, laissez-moy, vous dis-je, mes malheurs en seront moins grands, si je ne vous vois pas davantage. Je consens aimable Princesse à vous laisser suivre vôtre destinée pourveu que vous me pardonniez quelques supercheries que je veux faire à un Amant qui n'a pas merité vôtre tendresse, & que vous ne saurez qu'au moment de l'execution. Voila les dernieres paroles que dit le Prince Roger à la Princesse qui en fut dans de grandes inquitudes. Elle ne savoit de quelle supercherie il entendoit parler, & elle n'eût pas soupçonné en mille ans celles qu'il meditoit de faire. Il ne parla plus à la Princesse depeur qu'on ne l'observât, il faisoit seulement parler continuellement ses regards pleins de tendresse.

Il se fit de grands preparatifs pour le mariage de la Princesse, le Prince Roger en fut témoin, & le soir estant entré invisible dans la Chambre aprés que tout les hommes en furent sortis, il vit avec plaisir toutes les ceremonies qui se font ordinairement pour mettre la Mariée dans le lit, ce fut alors que la Princesse luy parut encore plus belle & plus aimable, & il conçut ceut pour elle dans ce moment un amour qui le rendit le plus paſſionné de tous les hommes, peu de temps aprés le Prince marié entra & toutes les Dames ſe retirerent. Le Prince Roger reſta toûjours inviſibe dans la chambre de la Princeſſe, & jaloux des faveurs qu'elle ne pouvoit refuſer au Prince ſon Epoux, il le laiſſa mettre au lit, & dans l'inſtant l'ayant frappé de ſa Baguette d'yvoire il le fit tomber dans un profond ſommeil, dont il n'y avoit que lui qui le peût retirer en le touchant de la meſme Baguette, alors charmé de l'effet de ſa Baguette & le cœur tout rempli de la plus belle paſſion du monde il voulut profiter de la ſupercherie qu'il avoit faite à ſon Rival, & ſe voyant plus digne que lui du bonheur qu'il avoit de posseder une si aimable personne, il tâcha de le persuader à la charmante Princesse à qui il se rendit visible en lui confiant le secret des supercheries qu'il l'avoit déja supplié de luy pardonner.

La Princesse fort surprise de voir le Prince si prés d'elle dans un temps où elle avoit tout à craindre si on venoit à le découvrir, le pria instament de vouloir bien se retirer, ne craignez rien charmante Princesse, lui dit-il, vous sçavez mon secret & celui de mon cœur, mais puisque je suis assez malheureux pour ne pouvoir vous posseder, permettez-moi du moins de me vanger sur mon Rival de tous les maux que vous m'allez faire souffrir en ne vous voyant plus. La Princesse lui pardonna tout à condition qu'il se retireroit. Le Prince Roger luy obeït, mais avant que de se retirer il frappa le Prince de sa Baguette. Il étoit déja jour & le Prince endormi se réveilla & n'osa troubler le repos de la Princesse qui en ayant besoin s'estoit endormie d'un profond someil. La même supercherie fut faite quelques jours de suitte & le bruit s'estant répandu de la disgrace de ce Prince infortuné qui s'endormoit en entrant dans le lit, sans pouvoir s'en empêcher, quelque soin qu'il prist; on en chercha la cause & l'on conclut qu'il faloit qu'il y eust de l'enchantement.

La Princesse aiant peur que par quelque malheur ce secret ne fust découvert, pria le Prince Roger d'interrompre pour quelques jours un comerce qui ne lui avoit pourtant pas esté fort desagreable; Le Prince Roger ne fut peut-estre pas fâché d'avoir cette complaisance pour la Princesse, & demeura ainsi quelques jours sans penser à aucune entreprise, il estoit cependant continuellement à la Cour où il faisoit les desirs de plusieurs belles, car il estoit veritablement fait à peindre, & poli dans la derniere perfection; mais comme il s'estoit mis dans la teste de voler de conqueste en conqueste, il cherchoit toûjours qui le voulust écouter.

Un jour croiant avoir trouvé quelques dispositions, comme il les pouvoit souhaitter, dans le cœur d'une trés-aimable personne, il parla de passion & ne fut pas rebuté; il creût que c'estoit assez pour pouvoir hasarder d'entreprendre, il se servit du moien qu'il avoit d'estre invisible pour entrer dans sa Chambre pendant qu'il y avoit encore de la lumiere, & les lumieres estant esteintes il s'approcha du lit ; mais ayant fait un peu de bruit en marchant cette aimable personne ne sachant ce que c'estoit, se mit à crier comme une desesperée, ce qui fit venir ses domestiques à son secours. Dans ce moment le Prince ne songea qu'à se sauver au plus viste, de peur d'estre rencontré & saisi, quoiqu'on ne le vist pas; comme il se retiroit à la haste, on l'entendit encore marcher, on le suivit, & ceux qui le suivoient ne voyant rien, demeurerent si transis de fraieur que les Flambeaux leur tomberent des mains, leur étonnement redoubla par le bruit des portes qu'il ouvrit pour sortir, & ne sachant tous par quel enchantement ils avoient entendu marcher & ouvrir des portes sans avoir veû qui que ce soit, ils crierent au secours, & mirent toute la maison en allarme.

Cette avanture estant sceuë le lendemain à la Cour & à la Ville, un chacun conclut qu'il faloit qu'il y eust des enchanteurs parmi les Etrangers qui estoient venus depuis peu dans la Ville; l'on raisonna sur les merveilles qu'on avoit veu faire au Prince Roger qui avoit toûjours remporté le prix dans les Tournois, on fit reflexion sur l'aventure du Prince nouveau marié, & l'on en fit encore sur les assiduités du Prince Roger auprés de la Princesse pendant quelques jours; on demanda à cette aimable perfonne, qu'il avoit encore voulu furprendre, quelles converfations il avoit eu avec elle, elle en avoüa une partie, & de tout cela on conclut qu'il eftoit un Enchanteur.

Le Comte de Catalogne fe laiffa perfuader, par tout ce qu'on lui reprefenta que la chofe pouvoit eftre vraye, & il ordonna au Prevoft de le chercher, le Prevoft obéit; mais il arriva trop tard à fon logement, il apprit qu'il eftoit parti il y avoit quelques heures, il en fit fon rapport au Comte qui lui ordonna de monter à Cheval, & de le ramener s'il eftoit poffible, tant il eftoit curieux de connoître de quel art il s'eftoit fervi, mais il defendit expreffement de luy faire aucun mal; le Comte eftoit un bon prince qui aimoit mieux ignorer toute fa vie tous les enchantemens, que de s'inftruire en faifant répandre la moindre goutte du fang d'un homme pour qui il commençoit d'avoir de l'amitié.

Le Prince Roger qui avoit preveu qu'il feroit fuivi, avoit fait marcher fon équipage en grande diligence, & eftoit demeuré derriere avec fon Ecuier, qui avoit comme lui un anneau d'or pour devenir invifible, il euft pû transformer le Prevoft & fa fuite en la maniere qu'il lui euft plû, mais il eftoit le plus benin de tous les Princes, & au point qu'il euft efté faché de faire pleurer un enfant, auffi fe contenta-t-il de s'approcher du Prevoft qui marchoit le premier, & ayant touché fon cheval de fa baguette il en fit un élephant, dont le

Prevoſt étonné ſe jetta par terre en criant miſericorde, ſes archers auſſi étonnés que luy coururent à ſon ſecours, quoy qu'ils euſſent grande peur d'une ſi grande beſte & du prodige qui la leur faiſoit voir, ils furent encore auſſi étonnés d'entendre rire à gorge deployée, c'eſtoit le Prince Roger qui avoit la malice de ſe mocquer d'eux avec ſon Ecuier; aprés quoy il pourſuivit ſon chemin & laiſſa le Prevoſt & ſa bande ſe tirer d'embaras comme ils pourroient.

Comme cette avanture devoit faire encore beaucoup de bruit & quil ne ſe pouvoit pas qu'elle ne fuſt ſçeuë avec les precedentes en peu de jours, dans toutes les Cours d'Eſpagne, le Prince crut qu'il eſtoit de la prudence de repaſſer les montagnes &

G v.

de revenir dans les Gaules, de forte qu'ayant joint fon équipage, il changea auffi-toft de route & prit celle de la Navarre, qui eftoit mefme la plus courte, pour retourner en Poitou, où il réfolut de repafler feulement pour donner au Comte fon pere le plaifir d'apprendre fes avantures & reprendre bientoft aprés un autre chemin dans le deffein d'en chercher de nouvelles, mais il n'avoit pas fçeu prevoir qu'il rencontreroit avant que d'eftre en Poitou une Princeffe qui luy alloit faire changer tous fes projets de folie, en un deffein ferieux de paffer fa vie avec elle.

Ce fût à Angoulefme où il arriva fans s'eftre amufé a chercher aucune avanture, il alla en arrivant à la Cour du Comte d'Angoulefme, où s'eftant fait connoiftre pour le fils du Comte de Poitou, il receut un accueil tel qu'il avoit lieu de l'attendre d'un Prince voisin & confederé du Comte son pere; le Comte luy donna un appartement dans son Palais, & le fit tous les jours manger avec lui & avec sa famille, c'est à dire avec Madame la Comtesse d'Angoulesme son Epouse & deux jeunes Princesses leurs filles qui estoient d'une beauté charmante.

Quoique le Prince Roger les eust trouvées toutes deux fort belles, il ne tarda guere à y mettre de la difference; ce fut peut-estre l'effet de quelque simpatie, qui lui fit dés ce jour former le dessein serieux de plaire à l'aisnée, & de renoncer pour jamais à toutes les avantures qu'il s'estoit proposé de tenter par les enchantemens, pour ne songer qu'à la meriter par mille complaisances, & une veritable passion qui s'empara de son cœur dans ce premier moment; ce n'est pas le seul des Galans de profession qui ait esté fixé pour jamais par une aimable personne, mais aucun ne l'a esté plus promptement & n'a renoncé comme lui, à tant de moyens de faire reussir ses galanteries, car sans parler de ses enchantemens il estoit fait pour l'amour tant il avoit d'agremens dans toute sa personne, mais il trouvoit que c'estoit trop peu pour la Princesse Tullie (c'estoit le nom de l'aînée des deux Princesses d'Angoulême) & il eust voulu posseder les attraits de tous les hommes du monde & l'Empire de l'Univers pour lui en faire un sacrifice.

ROGER.

La Princesse Tullie par l'effet de la Simpatie dont j'ay parlé que beaucoup de merite de part & d'autre fait presque toûjours naistre, le regarda aussi dés le premier jour comme un Prince digne d'elle, ce qui l'avoit disposée à l'écouter favorablement quand il parleroit, le Prince ne tarda guere à luy decouvrir les sentimens de son cœur, & elle lui répondit assez-tost qu'elle ne seroit pas fâchée que le Comte d'Angoulesme son Pere eust son dessein agréable ; le Prince Roger charmé de cette réponse en fit parler au Comte d'Angoulesme qui fut fort satisfait de cette proposition, & declara qu'il accorderoit trés-volontiers la Princesse sa fille au Prince Roger si le Comte de Poitou la lui faisoit demander.

Le Prince Roger plain de sa passion, prit le parti, pour éviter les longueurs, d'aller lui-mesme en diligence en Poitou afin d'obtenir le consentement du Comte son Pere qui estoit pour lui une faveur plus precieuse que touttes celles qu'il auroit jamais pû lui demander ; il lui peignit si bien son amour & le merite qui l'avoit fait naistre, que le Comte de Poitou, touché de ce qu'il entendoit, le dépescha en peu de jours avec un Ambassadeur chargé du pouvoir de regler les conditions de son Mariage avec la Princesse d'Angoulesme ; le Prince Roger estoit si impatient de la revoir, qu'à peine eust-il le temps de donner au comte son Pere le plaisir d'apprendre les avantures qu'il avoit euës par le moyen de ſes enchantemens, qu'il lui remit auſſitoſt n'en ayant plus beſoin, puiſqu'il ne vouloit deſormais ſonger qu'à paſſer une vie tranquille en aimant fidellement une Princeſſe qu'il croyoit la ſeule digne d'eſtre aimée éternellement, ce qui arriva comme il en faiſoit le projet, car il épouſa la Princeſſe Tullie & paſſa avec elle la vie la plus heureuſe qu'on ait veû paſſer dans le mariage. De cette belle union ſont deſcendus tant de Conquerans & de Heros qui ont portez des Conronnes dans une autre partie du monde.

FORTUNIO.

CONTE.

 IL y avoit autrefois un homme, lequel dans une fortune mediocre ayant du cœur & de l'esprit ne se croyoit inferieur à aucun autre ; il rechercha en mariage une fille qui avoit comme lui

lui beaucoup de merite, & du bien mediocrement, & il l'époufa; quoiqu'ils n'euſſent pas tous deux une fort grande fortune, ils euſſent veſcu enſemble trés-contents de leur ſort, s'ils euſſent peû avoir des enfans, prevenus que c'eſtoit la marque de la benediction du mariage.

Aprés en avoir deſiré longtemps inutilement, reſolus d'en adopter quelqu'un pour leur conſolation, un jour qu'ils ſe promenoient ſur le bord d'une Riviere ils aperceurent un Berceau qui flottoit ſur l'eau, curieux de ſavoir ce que c'eſtoit, ils ſe mirent dans un batteau; ils furent bientoſt ſatisfaits de leur curioſité, car ils rencontrerent ce qu'ils ſouhaittoient; c'eſtoit un enfant qui leur parut d'une beauté merveilleuſe, &

d'une grande esperance par les regles de la phisionomie dont ils se picquoient d'avoir quelque connoissance, comme ils le tenoient de la Fortune ils lui donnerent le nom de Fortunio, l'éleverent, & l'instruisirent avec tout le soin possible.

Cet enfant estant né avec les plus belles inclinations du monde, il faisoit honneur à l'éducation qu'on lui donnoit, si bien qu'il satisfaisoit beaucoup ceux de qui il la recevoit si bonne, & les consoloit de n'avoir peû mettre des enfans au monde; il leur devenoit mesme si cher qu'ils ne songeoient qu'à augmenter leur fortune pour avoir le moyen de le pousser dans le monde & lui laisser un jour une succession assez considerable pour le faire vivre avec l'éclat qui convenoit à la naissance dont il leur avoit paru estre par la richesse des Langes qui l'enveloppoient; mais dans le temps qu'ils estoient plus occupez de ce soin, cette aimable femme devint grosse, ce qui ne diminua en rien la tendresse qu'elle avoit pour Fortunio, ny celle de son mari; ils se disoient tous deux que si le Ciel augmentoit leur famille, il prendroit le soin d'augmenter aussi leurs biens, & qu'ils auroient sujet d'estre satisfaits s'il leur donnoit un fils aussi aimable que celui qu'ils tenoient de la fortune.

Le Ciel exauça leurs vœux & leur donna un fils, qui estoit tel qu'il ne pouvoit estre plus joli en naissant, à mesure qu'il croissoit, il devenoit tous les jours plus aimable, & pour surcroit de contentement qu'il donnoit à son pere & à sa mere, il eût beaucoup d'amitié pour Fortunio qu'il croyoit son frere aîné, & vécut lontemps avec lui dans une fort grande union, qui eût duré éternellement, si un jeune homme, qui estoit quelquefois de leurs parties de plaisir, ne lui eût fait entendre qu'il avoit sujet de se plaindre de ce qu'on traittoit Fortunio avec autant de bonté que lui : & tout comme s'il eust esté enfant de la maison, ce qui n'estoit pas, qu'il n'estoit qu'un enfant trouvé, que son pere & sa mere avoient adopté parce qu'ils avoient desesperé d'en avoir; mais que leur ayant donné par sa naissance la satisfaction qu'ils avoient tant desirée, il estoit juste qu'ils ne prodiguassent pas ailleurs des carresses qui n'étoient deuës qu'à lui.

Ce jeune enfant prévenu de cette sorte prit l'occasion de la premiere petite contestation qui lui arriva avec Fortunio, pour lui reprocher qu'il n'estoit pas son frere, qu'il estoit un enfant trouvé, de qui on avoit pris soin par charité.

Fortunio qui avoit le cœur hault trés surpris d'une pareille nouvelle, alla supplier celle qu'il avoit crû jusques là sa mere, de lui dire s'il estoit vray qu'il ne fust pas son fils, & s'il l'estoit effectivement de faire taire son frere qui avoit sontenu qu'il ne l'estoit pas ; elle répondit qu'il l'estoit veritablement & qu'elle sauroit punir ce petit étourdy de lui avoir dit des injures ; mais elle ne parloit pas assez affirmarivement pour persuader Fortunio qui eût un si grand soupçon de son triste estat, & la pressa si fort de lui parler positivement qu'elle ne pût lui cacher ce qui estoit vray, elle l'asseura en même temps qu'il ne lui feroit jamais moins cher que son propre fils, & qu'elle en auroit toûjours le même soin.

Comme il estoit tres-bien né il fut fort reconnoissant des bontés qu'on avoit eu pour lui, & de celles dont on l'asuroit à l'avenir ; mais il estoit si touché de ce qu'il venoit d'apprendre qu'il resolut sur l'heure d'aller chercher par tout le monde à faire des actions qui pussent effacer la honte de sa naissance, & lui procurer une meilleur fortune ; cette personne qu'il avoit creû sa mere & qui l'aimoit veritablement fit ce qu'elle pût pour l'arrester, mais voyant que tous ses efforts estoient inutiles, dépitée de ne pouvoir le retenir elle lui donna mille maledictions, & souhaitta même que si jamais il se trouvoît sur la Mer qu'il fust englouti par une Sirene, son mari au contraire plus genereux qu'elle, approuva la resolution de Fortunio, & lui donna de l'argent pour se mettre en équipage ; Fortunio aprés l'avoir asseuré d'une reconnoissance éternelle le quitta, & partit incertain de la routte qu'il prendroit.

Il n'eût pas fait grand chemin qu'il se rencontra au prés d'une Forest si épaisse que le Soleil n'y avoit jamais penetré; il estoit à l'entrée de cette Forest dans un grand embaras, ne sachant quel parti prendre, quand il apperceut un Lion, un Aigle, & une Fourmy qui difputoient enfemble fur le partage d'un Cerf qu'ils avoient chaffé & pris; ces trois animaux convinrent prudemment pour éviter les fuittes d'une fanglante guerre de prendre pour juge le premier homme qui pafferoit, & ayant auffitoft apperceu Fortunio, ils s'addrefferent à lui & le fupplierent de vouloir mettre la paix entre eux, en reglant un different qu'ils avoient pour le partage du Cerf qui eftoit étendu mort devant eux, lui jurant qu'ils fe tiendroient à fon jugement fans murmurer, fuft-il mefme injufte.

Fortunio qui eftoit naturellement audacieux, répondit fans s'étonner qu'il eftoit fort aife

d'avoir

d'avoir occasion de faire plaisir à de si honorables animaux, & l'on eût dit en le voyant si hardy, qu'il eust esté élevé parmy les Lions; il leur demanda s'ils ne lui accorderoient pas leur amitié, en cas qu'il jugeast équitablement, & il receut mille asseurances que non-seulement ils l'aimeroient; mais qu'ils le serviroient par tout où il auroit besoin d'eux.

Fortunio charmé de leur procedé qui lui avoit paru fort honneste, s'appliqua à juger cette importante contestation, de maniere que tous les interessez fussent satisfaits, & qu'il pust s'en separer avec leur bonnes graces, car quoy qu'il fist fort bonne mine, il croyoit en homme de bon sens que l'un de ses animaux, tout poli qu'il paroissoit, n'estoit

I

pas une trop bonne compagnie pour un homme tout seul ; il travailla enfin au partage, & sceut si bien donner à un chacun ce qui estoit de son goust que les trois animaux satisfaits lui firent mille remercimens, se croiant trop heureux d'avoir rencontré un Juge si équitable; les complimens de civilité finis Fortunio songea à son voyage, & à laisser ses nouveaux amis occupés de faire bonne chere,

Dans le temps qu'il les vouloit quitter parut une Fée si richement parée que n'ayant jamais rien veû de si beau, il en demeura surpris, & fut tout prest de se prosterner, tant l'air majestueux de la Fée lui inspira de respect, elle avoit un corps de chasse pendu en écharpe ce qui la lui eust fait prendre pour Dianc, si elle ne s'estoit fait connoistre pour une Fée qui avoit son Palais dans le fond de cette Forest, car pour les trois animaux ils la connoissoient parfaitement & la respectoient de même.

La Fée eust la curiosité de savoir ce qui s'estoit passé dans une assemblée de creatures si differentes & si opposées, le Lion prit la parole, & rendit compte de l'équité du Jugement que l'homme qu'elle voioit devant elle avoit donné, & la pria d'avoir agreable d'user de son pouvoir pour l'en recompenser; la Fée loüa Fortunio de l'équité du jugement qu'il avoit prononcé, & les trois animaux de la juste reconnoissance qu'ils en avoient, & donna pour les obliger tous le pouvoir à Fortunio de prendre la figure de ces trois animaux toutes les fois qu'il en auroit besoin, & de la quitter comme il lui plairoit pour reprendre la sienne ; elle fut mesme si touchée de sa justice & de sa bonne mine, qu'elle lui proposa d'aller passer quelques jours avec elle dans son Chateau.

Fortunio qui ne cherchoit que des avantures, dit à la Fée qu'il recevoit avec beaucoup de respect la proposition qu'elle lui faisoit, & qu'il estoit prest de la suivre. Il passa quelques jours dans le Palais de la Fée avec tous les plaisirs qu'on se peut imaginer, & il n'en sortit même qu'à regret, mais la Fée qui savoit qu'il estoit destiné à de grandes choses, le congedia aprés lui avoir fait des presens de Pierreries fort considerables, & lui avoir donné des inſtructions admirables pour ſa conduite.

Avec ces moyens de faire parler de lui Fortunio partit remply d'eſperance, & s'arreſta à la premiere Ville, où il ſe pourveut d'équipage, il s'en alla en pluſieurs Cours où il eût diverſes avantures, & acquit une grande reputation de valeur en de fameuſes occaſions de guerre où il ſe rencontra, dont je remets à faire une autrefois la relation pour ne parler preſentement que de la plus celebre & la plus heureuſe de ſes actions, puiſqu'elle lui valut la conqueſte de la plus aimable Princeſſe de ſon ſiecle, & d'un Royaume dont elle eſtoit l'heritiere.

Il arriva à la Cour de cette Princeſſe dans le temps que le Roy ſon Pere avoit fait publier chez tous les Princes ses voisins, que voulant marier la Princesse sa fille, il avoit resolu de la donner à celui qui seroit le vainqueur de tous les autres dans un Tournoi qu'il avoit convoqué pour estre tenu en peu de temps.

Fortunio arrivé à propos pour tenter une grande avanture se presenta au Roy comme un Chevalier qui courroit le monde pour chercher des occasions de guerre, & des avantures de Chevalerie, le Roy lui dit qu'il estoit venu fort à propos pour estre témoin d'un Tournoi qui se tiendroit à sa Cour dans peu de jours, & qu'il dependroit de lui d'y entrer, puisque l'esclusion n'estoit donnée à aucun Chevalier; outre que sa bonne mine qui donnoit une grande opinion de sa naissance pouvoit le

FORTUNIO.

faire recevoir par tout. Fortunio repondit au Roy qu'il s'efforceroit de ne rien faire indigne de la bonne opinion que S. M. avoit de lui; il demanda ensuitte la liberté d'aller faire la reverence à la Princesse; le Roy ordonna au Capitaine de ses Gardes de l'y aller presenter, & il y receut un accueil fort favorable; la Princesse estoit la plus charmante personne qu'il eust jamais veuë, & il forma en la voyant le dessein de la conquerir ou de repandre jusqu'à la derniere goutte de son sang; Il y fut encore encouragé par quelques regards de la Princesse qu'il creut lui estre favorables & il songea à lui devenir agreable par ses profonds respects, & son assiduité, en attendant le jour qu'il pouvoit la conquerir par les armes.

Il vit tous les jours suivans arriver tous les Princes & tous les Chevaliers qui cherchoient à meriter la Princesse ou à mourir pour un si beau dessein, & jamais on n'a veû une si belle, & si noble assemblée, un chacun s'empressoit auprés de la Princesse & eust voulu la disposer à faire des vœux pour lui dans cette grande journée, les uns vouloient l'y engager par les prefonds respects qu'ils lui rendoient, & quelques autres par la passion dont ils estoient si touchez, qu'ils eurent la hardiesse de lui declarer, Fortunio le plus passionné de tous estoit aussi le plus respecteux, & à peine osoit-il laisser voir dans ses yeux ce qui se passoit dans son cœur, tant il avoit peur de déplaire, c'estoit pourtant celui à qui la

Princesse eust souhaitté la Victoire, dont elle devoit estre le prix, si elle l'eust crû Prince, & il y avoit des momens qu'elle jugeoit qu'il le pouvoit estre, ou qu'en tout cas un grand merite le pouvoit égaler à tous les Princes.

Enfin le jour auquel elle se devoit déterminer ou du moins la Fortune pour elle, arriva, & l'on vit sur les rangs un nombre infini de Princes & de Chevaliers.

Le Roy avoit prescrit qu'ils tireroient au sort pour voir à qui il appartiendroit d'estre les premiers dans la Lice, & il avoit étably des Juges pour les regler la dessus, & sur les difficultez qui pourroient survenir entre eux, plusieurs Princes combatirent & se détruisirent successivement les uns les autres ; un Roy du Voisinage vaillant & fort, mais connu pour un Prince sans mœurs, & sans politesse, & par dessus tout cela laid à faire peur, entra dans Lice à son tour, & mit hors de combat tous ceux qui se presentoient devant luy, c'estoit le rang de Fortunio de le combattre ; mais la nuit estant trop proche le Roy remit au lendemain à voir decider ce grand événement que la Princesse craignoit effroyablement, car elle se voyoit en danger de tomber sous la puissance d'un Prince qui lui faisoit horreur par la reputation où il estoit d'estre feroce, & encore par sa mine affreuse, & elle ne voyoit plus que le seul Fortunio qui la lui deust disputer?

Il s'estoit repandu un bruit que Fortunio estoit de grande valeur;

quelques Princes qui l'avoient veu dans des occasions de guerre l'avoient dit; mais comme elle savoit qu'il seroit exposé contre un homme si redoutable, elle n'osoit esperer de le voir le vainqueur ; elle eust même desiré de le savoir Prince en cas qu'il eust terrassé ce Roy qu'elle haïssoit tant, & elle eust regardé comme un autre malheur quoique moindre de faire la felicité d'un simple Chevalier ; agitée de ces diverses inquietudes, elle estoit appuyée sur une fenestre de son Palais, où elle parut à Fortunio une personne trés affligée. Il s'alla presenter à la porte de son Appartement, mais on lui dit qu'elle ne voyoit personne.

Fortunio fort touché de l'affliction où elle luy avoit paru, avoit resolu de lui dire qu'il la délivreroit le lendemain de la peine où elle eſtoit. Il deſcendit dans la ruë, & ayant ſouhaitté d'eſtre Aigle, il le devint & vola ſur la feneſtre du Cabinet de la Princeſſe ; l'ayant apperceu ſeule il vola auprés d'elle & il reprit ſa forme naturelle, elle fut effrayée & cria, on vint à elle, & Fortunio diſparut, il s'eſtoit metamorphoſé en fourmy & s'eſtoit gliſſé dans le Falbana de la Princeſſe qui ne voyant plus rien renvoya ſes femmes, en leur diſant qu'elle avoit cru voir quelque choſe & qu'elle s'eſtoit trompée ; Fortunio encore Fourmy & caché dans les habits de la Princeſſe luy entendit pouſſer des ſoupirs, & dire même quelques parolles mal articulées, qui lui firent pourtant comprendre l'horreur qu'elle avoit pour le

Roy qui eſtoit juſque là le vainqueur, & la paſſion qu'elle avoit de luy voir arracher la victoire par un homme qui lui avoit touché le cœur quoiqu'il ne paruſt eſtre qu'un ſimple Chevalier.

La Fourmy n'euſt pas pluſtoſt compris ce qui ſe paſſoit dans le cœur de la Princeſſe, qu'elle luy dit ne craignez rien charmante Princeſſe, le monſtre qui vous fait peur ne vous poſſedera pas, & s'il vous plaiſt de ne plûs appeller vos femmes vous allez voir celuy qui vous délivrera demain, & qui eſt l'homme du monde qui vous reſpecte le plus; ne vous allarmez donc pas Princeſſe, il va paroiſtre devant vous ; ainſi parut encore Fortunio devant elle, & l'aſſeura qu'il l'a delivreroit le lendemain du ſujet de toutes ſes allarmes; & je ferai, dit-il, trop heureux de vous avoir fervie, & plus heureux encore fi par tous les foins de ma vie je pouvois meriter la recompenfe que le Roy a promife au Vainqueur.

Aprés cette converfation Fortunio devenu encore Aigle s'envola par la fenestre, dont la Princesse demeura fi effrayée qu'à peine avoit elle la force de fe relever de deffus fon fauteüil, elle avoit beau refver à ce qui lui venoit d'arriver, elle n'y connoiffoit rien & elle fe difoit, est-il poffible qu'il foit vrai que j'aye trouvé du fecours dans un fi preffant befoin, n'eft-ce pas un fonge. Fortunio lui avoit paru fi refpectueux & fi aimable qu'il n'eftoit pas poffible de ne lui pas defirer la victoire, quand il n'eût même efté qu'un fimple Cheva-

FORTUNIO.

lier ; la maniere dont il estoit entré dans son cabinet & dont il estoit sorty, estoit ce qui l'embarassoit le plus; elle avoit souvent oüy parler du pouvoir des Fées, & elle jugea que quelqu'une touchée de son infortune lui auroit sans doute envoyé un deffenseur.

Dans toutes les differentes inquietudes où elle tomboit, ne pouvant penser à autre chose, elle resolut de se dire malade pour pouvoir attendre dans son lit cette journée si desirée qu'on venoit de luy faire esperer; elle appella aussitost ses femmes, & envoya dire au Roy, son pere, qu'elle alloit se coucher, avec sa permission, parce qu'elle estoit accablée d'un si grand mal de teste qu'il ne lui estoit pas possible de voir du monde. Le Roi vint, & ayant trouvé que la Princesse avoit la teste toute en feu, il ordonna qu'on la laissast en repos, persuadé que si elle pouvoit dormir son mal de teste se dissiperoit.

Il est facile de juger que la Princesse laissée seule ne passa pas bien tranquillement une nuit qui precedoit une si grande journée, que celle dont dependoit tout le bonheur de sa vie ; Fortunio d'un autre costé n'estoit pas sans inquietude, il avoit à combattre un Prince redoutable par sa valeur, & par sa force ; mais que ne peut-on pas lorsqu'on est conduit par l'amour, qu'on a beaucoup de courage, & la protection d'une puissante Fée.

Aussitost que la Lice fut ouverte l'on vit entrer Fortunio
monté

monté fur le plus beau Cheval qu'on euſt encore veû & couvert d'Armes brillantes d'or & de Pierreries; il fit l'admiration de tous les ſpectateurs, & la Princeſſe le reconnut à la quantité de rubans verts dont il avoit mis de gros nœuds à l'équipage de ſon Cheval, & aux plumes vertes dont il avoit chargé ſon Caſque, parce qu'il lui avoit demandé la permiſſion de porter cette couleur, qu'il lui avoit veu le jour precedent.

Il attendoit ainſi dans la Carriere en une poſture fort fiere, quand on vit entrer le vainqueur de tous les autres qui ſembloit eſtre ſurpris qu'il ſe fuſt encore trouvé quelqu'un qui euſt l'audace de le combattre aprés ſes triomphes que perſonne n'ignoroit; qui eſt-tu, lui dit il, qui

K

t'a fait si hardy de t'attaquer à moy, ne fus tu pas hyer témoin des desastres de tous ceux qui oserent se presenter devant moi: songez seulement à vous deffendre, repondit Forunio, cette journée ne vous sera pas si heureuse que celle d'hyer; ils se separerent dans ce moment pour courre l'un contre l'autre, & la premiere course mit fin à l'avanture, car Fortunio perça son Rival d'un coup de Lance au defaut de la cuirasse, & lui fit mordre la poussiere; comme tous les pretendans avoient déja esté vaincus, Fortunio attendit inutillement dans la Lice, il ne se presenta personne pour lui disputer un prix qu'il avoit si bien merité, puisqu'il avoit vaincu le vainqueur de tous les autres, il s'esleva aussitost de grandes acclamations parmi le peuple, & les Heraults d'Armes eſtant entrez dans la Lice, ils conduiſirent l'heureux Fortunio au bruit des Trompettes & des Tymbales aux pieds du Thrône de S. M. où ayant quitté ſon Cheval & ôté ſon Caſque, la Princeſſe fut charmé de ne pouvoir douter que ce ne fut celui à qui elle s'eſtoit déja deſtinée par tous les mouvemens de ſa reconnoiſſance, & d'une forte inclination qu'elle avoit conceuë pour luy dés les premiers jours qu'il étoit arrivé à la Cour.

Le Roy perſuadé, comme j'ay dit, qu'il n'eſtoit pas poſſible que Fortunio ne fuſt de grande naiſſance, ne balança pas à lui tendre les bras en luy diſant, venez aimable Etranger, voilà la Princeſſe qui vous eſt deſtinée pour prix d'une ſi grande Victoire, vous avez vaincu en un moment celuy qui n'avoit trouvé aucun Chevalier qui euſt pû lui reſiſter; & je penſe que vous avez fait grand plaiſir à la Princeſſe ma fille de l'ôter à un homme qui n'avoit pas tant de quoy plaire que vous tout Roy qu'il eſtoit, & en ſe tournant du côté de la Princeſſe il lui dit, c'eſt icy ma fille, un Chevalier qui vous appartient & à vous à le recompenſer de ce qu'il a fait pour vous meriter, je veux que dans deux jours vous lui donniez la main.

Fortunio ſe jetta aux pieds du Roy, & le ſupplia de laiſſer à la Princeſſe la liberté de ſon choix & à luy le temps de la meriter par ſes profonds reſpects, & par quelques meilleures actions qu'il vouloit chercher des occasions de faire pour sa gloire, je suis, dit-il, trop peu digne d'une grande Princesse, non dit le Roy, vous l'avez trop bien meritée; n'est-il pas vray ma fille, dit-il encore, que ce Chevalier ne vous sera pas desagréable.

Je n'auray aucune peine, répondit la Princesse, à obéir à V. M. en cette occasion ny en aucune autre. Le Roy fut donc obéi sans repugnance, le Mariage se fit & fut suivy de Festes & de réjoüissances qui durerent un mois.

Fortunio passa ainsi quelques années entre les bras de l'amour ne trouvant pas de quoy faire un souhait; mais le Roy ayant resolu de porter la guerre chez un Prince de ses voisins, qui avoit usurpé les Etats d'un de ses Alliez, fit preparer une Armée navalle; Fortunio pria trés-instamment le Roy de luy en donner le Commandement, disant qu'il vouloit faire des actions qui le rendissent digne de la Princesse qu'il ne croyoit pas avoir assez meritée; la charmante Princesse repandit des larmes, & eust bien voulu empescher cette resolution, mais le Roi qui aimoit la gloire ayant approuvé le dessein de Fortunio, il s'embarqua enfin aprés des adieux fort tendres; mais son Pilote l'ayant inconsiderement conduit dans un endroit de la Mer qui est de l'Empite de la Reine des Sirenes, elle parut hors de l'eau avec un nombreux cortege, curieuse de voir qui estoit assez hardy pour venir traverser ses

Etats sans lui en avoir demandé la permission.

La Reine estoit ennuiée de n'avoir que des Tritons pour amans, & elle avoit souvent ravy des hommes qu'elle trouvoit cent fois plus aimables: il n'est donc pas surprenant qu'estant frappée de la bonne mine de Fortunio, elle fit dessein de l'enlever; elle se servit pour en venir à bout, de son Art, & chanta avec tant de douceur que Fortunio attiré sur le bord de son Vaisseau en perdit l'usage de tous les sens; elle ne le vit pas plustost dans l'assoupissement où elle le desiroit, qu'elle s'approcha de luy & l'enleva; quelle affliction pour le Pilote & pour tous les Officiers de l'Armée; mais comme le mal estoit sans remede il falut tourner la prouë,

& revenir rendre compte an Roy du malheur qui estoit arrivé ; le Pilote s'excusa le mieux qu'il put sur la simplicité qu'avoit eu Fortunio de vouloir prester l'oreille à la voix de cette enchanteresse, malgré les avis qu'il luy avoit donné de s'en garder, mais Fortunio estoit destiné à subir la malediction qui lui avoit esté donnée par cette personne qui avoit eu soin de son éducation.

Le Roy & la Princesse furent dans une affliction inexprimable d'une si triste avanture, cependant la Princesse inspirée par la Fée, qui avoit donné sa protection à Fortunio & à tout ce qui luy appartiendroit ne perdit pas l'esperance, elle avoit un presentiment secret qu'elle reverroit un jour son cher Fortunio, & elle resolut de l'aller chercher

FORTUNIO.

par tout le monde, elle voulut mener avec elle son fils, lequel estant le vray portrait de son pere, elle ne le pouvoit quitter de veuë. Le Roy s'estant rendu à ses Instances & ayant consenty à son départ, luy donna le même Equipage & le même Pilote qui avoit conduit Fortunio. Quand la Princesse fut embarquée elle ordonna à son Pilote de la conduire où son cher Fortunio avoit esté enlevé.

La Fée qui avoit inspiré cette entreprise à la Princesse lui apparut sous une forme fort agreable, luy donna trois boules d'un prix infini, & l'asseura qu'elles auroient la vertu de lui faire voir ce mary qu'elle aimoit si tendrement, mais qu'il faloit, estant arrivée au lieu où il avoit esté enlevé, les donner à son fils à trois differentes fois pour l'appaiſer quand il pleureroit, le Pilote ayant averty la Princeſſe qu'elle eſtoit dans le lieu qui avoit eſté fatal au Prince ſon mary, elle luy ordonna de moüiller l'Ancre, & ſon petit fils s'étant mis à pleurer elle luy donna pour l'appaiſer, une boule d'or avec des Diamans plats enchaſſez de tous les côtez, les deux autres Boules eſtoient l'une une groſſe Emeraude ronde, & l'autre un gros Rubis, le petit Prince ayant auſſitoſt roulé ſur le Tillac la boule qu'on luy venoit de donner il en ſortit une harmonie qui étonna tout le monde, & attira la Reine des Sirenes de ſon Palais qui eſtoit bâty ſur les Sables de la Mer.

La Reine s'addreſſa à la Princeſſe & luy dit, donnez-moy

cette boule, Madame, & je vous en feray obligée, la Princesse luy répondit qu'elle la luy auroit donnée volontiers, mais que c'estoit ce qu'elle avoit pour amuser son fils quand il pleuroit, donnez la moy, dit encore la Reine & je vous feray voir la teste de celuy que vous cherchez, je vous la donneray de bon cœur à ce prix, repartit la Princesse; mais quelle seureté y à-t'il à vos promesses; la Reine jura qu'elle estoit incapable de manquer à sa parole, & qu'elle ne souffroit pas mesme qu'on y manquast dans l'étenduë de son Empire.

La Princesse l'ayant creû, & lui ayant donné la boule, elle vit incontinent son cher Fortunio jusqu'aux épaules, mais ce ne fut que pour un moment, la Reine se plongea & fit plonger son amant avec elle, la Princesse retombée dans une grande affliction de n'avoir eû qu'un moment une veuë qui luy estoit si chere, prit son fils entre ses bras, parce que c'estoit toute sa consolation, cet enfant qui vouloit être libre sur le Tillac, se mit encore à crier, la Princesse luy donna la boule d'Emeraude, il la roula comme il avoit roulé l'autre, il en sortit une harmonie plus douce que la premiere, & la Reine des Sirenes plus touchée qu'elle n'avoit esté dit à la Princesse que si elle luy vouloit donner cette boule, elle luy feroit voir son cher mary hors de l'eau jusqu'aux genoux, ce qui fut executé sur l'heure, mais il fût plongé comme il l'avoit déja été ; cette pauvre Princesse ne savoit ce qu'elle pouvoit se promettre d'une avanture si extraordinaire, elle avoit veu deux fois ce qu'elle desiroit si passionement de voir, mais il avoit disparu si subitement qu'elle n'avoit pû luy dire une parole, ni en entendre de sa bouche.

La Princesse ayant toûjours recours à embrasser ce cher fils dans son affliction, & cet enfant criant entre ses bras comme un petit desesperé, elle luy donna enfin la derniere boule qui estoit un Rubis, il la roula encore sur le Tillac, elle rendit une harmonie millefois plus touchante qu'on ne peut l'exprimer, & la Reine estant sortie de son Palais avec precipitation s'écria comme une personne fort passionnée, donnez-moy encore cette boule, & je vous accorderay ce que vous voudrés, je vous demande mon mary, répondit la Princesse; la Reine promit de le lui laisser voir depuis les pieds jusqu'à la teste, & luy fit entendre qu'elle le luy rendroit un jour. Aussitost que la boule fut donnée Fortunio sortit de l'eau les pieds sur le dos d'un Triton, se metamorphosa en Aigle, & vola auprés de la Princesse, où il reprit incontinent sa forme naturelle.

La Reine au desespoir d'avoir esté trompée se replongea dans son Empire, & ordonna à touttes les Sirenes & à tous les Tritons de sa domination d'agiter la Mer de tout leur pouvoir, pour faire perir le Vaisseau qui luy enlevoit un homme de qui elle estoit encore charmée, malgré l'indifference qu'il avoit eu pour tous les delices de son

Palais, dont elle l'avoit rendu le maiſtre, Fortunio qui connoiſſoit juſqu'où iroit ſa fureur fit mettre au plus viſte à la voile pour ſortir de l'étenduë de la domination de la Reine offenſée; il en fut bientoſt de hors, & quand il ſe vit en ſeureté, il embraſſa tendrement ſa charmante Princeſſe, & ſon cher fils, & fit des careſſes à tous ceux qui eſtoient venus contribüer à ſa délivrance ; le temps eſtoit ſi beau, & le vent ſi favorable que le Vaiſſeau rentra en peu d'heures dans le Port.

Le Roy averti de la bonne fortune de ſa fille courut au devant d'elle, & de ſon cher gendre qu'il fut charmé de revoir aprés une longue abſence ; l'on ne ſongea plus aprés un ſi heureux événement qu'à donner des Feſtes au Peuple pour rendre la joye plus parfaite en la faisant universelle, Fortunio conta les merveilles du Palais de la Sirene, & fit bien valoir à sa charmante Princesse l'indifference avec laquelle il avoit receu les carresses de cette puissante Reine dans le milieu de son Empire; la Princesse redoubla sa tendresse pour le recompenser d'une fidelité si rare, & ils gouterent trés sensiblement le plaisir de se voir aprés une cruelle absence.

Une seule chose manquoit à la felicité de Fortunio, il avoit toujours conservé une grande passion de retablir dans ses Etats le Prince qui avoit esté depossedé, il demanda des forces au Roy pour cette expedition, le Roy luy en donna & il marcha contre l'Usurpateur, le défit en

FORTUNIO.

Bataille rangée, & rétablit dans son Trosne le Prince qui en avoit esté chassé, ce Prince reconnoissant voulant partager ses Etats avec luy, le pria de demeurer à sa Cour, & d'y faire venir la Princesse sa femme, & sentant pour luy une tendresse toutte extraordinaire, il en voulut connoistre la cause, & ayant examiné ses traits, & une marque qu'il avoit sur l'œil gauche, il luy vint dans l'esprit qu'il pouvoit estre un fils qu'il avoit perdu estant encore au berceau, lequel avoit cette mesme marque sous l'œil gauche ; cet enfant luy avoit esté enlevé dans un desordre que le premier Prince de son sang, dépité de luy voir un Successeur, avoit causé dans sa Cour. Ce mauvais Prince avoit dans la confusion que cau-

L v

se la prise des armes, enlevé cet enfant lié dans un berceau & l'avoit fait jetter dans la Riviere; le Roy, qui croyoit reconnoistre son fils, & que le sang luy disoit qu'il ne se trompoit pas, pressa le Prince Fortunio de dire ce qu'il savoit du commencement de sa vie ; il répondit qu'il avoit été élevé par des gens qui demeuroïent le long du cours de la mesme Riviere où l'on disoit que le fils du Roy avoit esté jetté, on les envoya chercher, ils arriverent en peu de jours, & ayant declaré qu'ils avoient trouvé Fortunio dans un riche berceau, au mesme temps que la perte du jeune Prince estoit arrivée, le Roy le reconnut pour son fils, & le fit proclamer pour le Successeur de sa Couronne.

La nouvelle en estant portée

à la Princesse sa femme, & au Roy son beau Pere, il est facile de juger quelle joye ils eurent de voir que la fortune leur avoit fait trouver dans un Heros, qui avoit merité la Princesse par sa valeur, un Prince qui la meritoit aussi par sa naissance. On ne songea plus dans les deux Royaumes (entre lesquels le Prince & la Princesse partagerent leur vie) qu'à celebrer des Evenemens si considerables, & les merites d'un Prince qui en faisoit les delices.

ceux qui en avoient esté la premiere cause, en sauvant ce Prince qui alloit perir dans l'eau, furent bien recompensez d'une action qui faisoit la felicité publique.

LE PRINCE
GUERINI.
CONTE.

L E Royame de Lombardie estoit autrefois gouverné par le Roy Philippe, lequel n'ayant ny galenterie ny ambition passoit sa vie comme euſt peû faire le plus ſimple de ſes ſujets dans la tranquilité que l'on trouve avec ſa femme & ſes enfans; il n'eſtoit veritablement occupé que du merite de la Reine, & du ſoin d'eſlever Guerini ſon fils unique, qui eſtoit un Prince d'une grande eſperance: s'il avoit quelqu'autre application ce n'eſtoit que pour la Chaſſe, plaiſir qu'il prenoit aſſez ſouvent quoyque ce fuſt toûjours ſans paſſion.

Un jour qu'il y eſtoit avec quelques uns de ſes Barons, il vit ſortir d'un bois un homme ſauvage qui eſtoit laid à faire peur, il ordonna qu'on l'arreſtaſt, mais comme il falloit combattre pour s'en rendre le maître, le Roi cria qu'on l'envelopaſt & qu'on ſe gardaſt de le tuer, car il en avoit déja couté du ſang à ceux qui avoient eu la hardieffe de s'en approcher, cependant quand il fe vit envelopé il ceda à la multitude & fe laiffa enchaîner. Il fut ainfi mené & gardé dans une étroite prifon où le Roy curieux d'apprendre de luy les mœurs & les opinions des Sauvages, l'alloit vifiter tous les jours avec toute fa Cour, il ne le vouloit tenir dans les Fers que jufqu'à ce qu'on eût des marques qu'il fuft apprivoifé & difpofé à fe foumettre aux Loix & aux Coutumes des hommes difciplinez; mais comme il n'y voyoit pas encore d'apparence & qu'il avoit peur que, s'il laiffoit à un chacun la liberté d'entrer dans cette prifon, quelqu'un ne le fit évader, il en gardoit lui-mefme les clefs, & quand il s'efloignoit de la Ville il les donnoit en garde à la Reine à qui il recommandoit fortement de ne les laisser prendre à qui que ce soit.

Une autrefois qu'il estoit allé à la chasse, il prit curiosité à Guerini son jeune fils d'aller entretenir l'homme Sauvage, & s'étant approché de la fenestre de la Prison où il y avoit une grille de fer, ayant à la main une Fleche d'un ouvrage fort precieux, le Sauvage qui la lui vouloit oster le carressa pour l'attirer si prés de lui qu'il l'a pust prendre, comme effectivement il l'a prist, le jeune Prince fort afligé d'avoir perdu sa Fleche le pria instament de la luy rendre, le Sauvage lui répondit franchement que bien loin de la lui donner, il l'alloit mettre en pieces s'il ne vouloit luy ouvrir la Prison & luy donner le moyen de rompre ses chaînes.

Le jeune Prince à qui rien n'eſtoit ſi cher que ſa Fleche, car ſon exercice le plus ordinaire eſtoit de tirer de l'Arc, euſt bien voulu la retirer à quelque prix que ce fuſt, outre qu'eſtant humain comme on l'eſt à ſon aage, il euſt creu faire une bonne action en mettant un priſonnier en liberté, ſur tous ce Sauvage qui n'avoit commis aucun crime; mais il trouvoit de grandes difficultez à diſpoſer des clefs de la Priſon, dont il ſavoit que la Reine prenoit grand ſoin, il ſongea cependant que ſi elle s'endormoit aprés ſon dîner, ce qui lui arrivoit quelquesfois, comme il avoit la liberté d'entrer chez elle à toutes les heures, il lui feroit facile d'enlever les clefs, ce qui arriva comme il l'avoit preveu ; il courut auſſitoſt roſt à la Priſon chargé d'un paquet de clefs, où eſtoit auſſi celle de la chaîne du priſonnier & ainſi ſans faire reflexion qu'il alloit fâcher le Roy ſon pere, il rendit la liberté au Sauvage qui lui remit ſa Fleche entre les mains, & s'enfuit au plus viſte dans les bois.

La Reine s'eſtant éveillée, & n'ayant pas trouvé ſes clefs, en fut fort en peine; elle envoya incontinent voir ſi la Priſon étoit ouverte, on lui revint dire qu'elle l'eſtoit, & que le Sauvage ny eſtoit plus; la voila dans une grande affliction craignant les premiers mouvemens de la colere du Roy qui eſtoient fort violens, elle pleura, elle cria, elle menaça, & voulant abſolument ſavoir qui avoit eſté aſſez hardy pour entrer dans ſa chambre pendant qu'elle dormoit, ses femmes lui dirent qu'il n'y estoit entré personne que le Prince son fils, elles n'oserent nommer un de ses Ecuyers qu'elles y avoient aussi veu entrer, & qui y entroit fort familierement dans l'absence du Roy ; mais c'estoit un fait où il y avoit du mystere, & l'on n'eust osé prononcer son nom.

La Reine avertie que son fils estoit entré dans sa chambre l'envoya chercher, il parût incontinent & avoüa tout ce qui estoit arrivé ; cette pauvre Reine affligée, craignant plus la colere du Roy pour son fils que pour elle mesme, resolut de ne pas l'exposer aux premiers emportemens de son pere ; elle fit appeller deux serviteurs du jeune Prince qu'elle croyoit fort affidez &

leur dit qu'il avoit fait une faute que le Roy auroit de la peine à luy pardonner & qu'elle vouloit qu'il allast voyager pour laisser le temps à la passion du Roy de s'appaiser, qu'elle le leur confioit comme à deux hommes sages, & qu'elle les conjuroit de penser qu'elle leur mettoit entre les mains ce qu'elle avoit de plus cher au monde; elle donna ensuitte à son fils quantité d'or & des Pierreries de grand prix, afin qu'il pût paroistre en bon équipage par tout ou il iroit, & le congedia en grande diligence, de peur que le Roy n'arrivast.

Ainsi partit le Prince Guerini, mais le Roy estant arrivé bientost aprés, & ayant en passant trouvé la Prison ouverte, il courut dans l'appartement de la Reine plein de furie, elle alla au devant de lui, & defarma fa colere par fa foumiffion, & fa douceur, elle lui dit qu'elle étoit feule coupable puifqu'elle avoit fi mal gardé les clefs qu'il luy avoit confiées, qu'elle les avoit laiflé prendre par fon fils de qui elle ne fe defioit pas, lequel feduit par les inftantes prieres du prifonier lui avoit donné la liberté & qu'elle avoit jugé a propos defloigner pour quelque temps des yeux d'un pere irrité un fils qui avoit commis une fi grande faute, qu'ainfi elle l'avoit envoyé apprendre par le monde à eftre plus fage.

Le Roy appaifé par une punition qu'il trouvoit trop grande, ne fongea plus qu'à envoyer des gens de tous les coftez, avec ordre d'affeurer fon fils qu'il lui pardonnoit volontiers la faute qu'il avoit faite d'ouvrir la porte de la Prison au Sauvage, & qu'il l'avoit beaucoup affligé par la mauvaise opinion qu'il avoit eu de lui en desesperant de sa bonté paternelle, qu'il le conjuroit de revenir incessament & d'estre trés-persuadé qu'il feroit mourir son Pere de chagrin s'il estoit longtemps esloigné de lui; mais tous les soins du Roy furent inutiles, puisque tous les gens qu'il avoit mis en Campagne, revinrent sans avoir peû apprendre quelle route le Prince son fils avoit prise.

Cependant le Prince Guerini marchoit toûjours avec ses deux Serviteurs sans savoir presque où il alloit; il ne pouvoit estre en de plus mauvaise mains que celles de ces deux selerats qui avoient refolu de le tuer, & de partager fes richeffes, l'execution de ce deteftable projet n'eftoit differé que jufqu'au premier bois où ils n'euffent eu aucun témoin à craindre.

Mais le Prince fit une heureufe rencontre qui le preferva d'un fi grand danger, ce fut celle d'un jeune Chevalier mieux fait & plus beau que tous ceux qu'il avoit veû à la Cour du Roy fon pere, & qui eftoit monté fur un fi beau Cheval & fi richement équippé qu'on ne le pouvoit regarder que comme un homme forti de bon lieu, auffi le Prince fut-il bien difposé à recevoir trés-civilement les offres qu'il luy fit de lui faire compagni ils entrerent en converfation fur des chofes generalles; & parce que le Prince ne favoit à qui il parloit, il ne s'ouvrit pas du premier abord, & ne dit ny ou il alloit ny d'ou il venoit.

Il n'estoit pas besoin que le Prince Guerini se declarast, puisque le jeune Chevalier savoit parfaittement bien tout ce qui lui estoit arrivé pour lui avoir fait plaisir, & estoit la pour lui en rendre sa reconnoissance, c'estoit l'homme Sauvage que le Prince avoit mis en liberté, & qui depuis avoit eû une avanture fort heureuse, il avoit rencontré une Fée de celles qui cherchent à faire du bien, & peut-estre aussi à faire montre de leur puissance; cette bonne Fée l'ayant trouvé endormy dans le fond d'un bois l'avoit touché d'une baguette qu'elle portoit à la main, dont il se sentit éveiller avec grand plaisir, & mesme pour ainsi dire renaistre, car il se trouva avec des sentimens tous differents de ceux qu'il avoit eu jusques là, & au lieu qu'auparavant il ne respiroit que sang & carnage, il ne songeoit plus qu'à mener une vie douce ayant honte de sa ferocité naturelle; il s'aperceût mesme qu'il estoit d'une plus aimable figure, & malgré l'amour propre qui nous rend toûjours contens de nostre premier estre, il sentoit une joïe indicible d'un changement qu'il voyoit si considerable.

La Fée l'ayant ainsi metamorphosé, l'avoit conduit dans son Palais, où elle l'avoit retenu quelques jours, mais comme elle estoit Fée qui avoit soin de sa reputation elle l'avoit congedié pour quelque temps, & lui avoit donné les moyens d'a-
voir

voir un équipage, & quelques secrets de son art dont il se pouvoit servir pour aller par le monde avec toutes les commodités & tous les agremens de la vie ; elle estoit fort genereuse, ce qui l'avoit porté à lui recommander sur toute chose de chercher le Prince Guerini à qui il avoit l'obligation de sa liberté, & qui estoit en fuite pour la lui avoir donnée, en lui faisant entendre qu'il ne pouvoit rien faire où elle eût pris tant de plaisir, qu'en évitant l'ingratitude en toute sorte d'occasions, ce fust ainsi qu'elle le renvoya aprés l'avoir bien instruit, & luy avoir enseigné la routte qu'il avoit à tenir pour rencontrer son Liberateur.

Voila comme le Prince Guerini commença à recevoir la recompense d'une bonne action que sa compassion pour les maux d'autrui lui avoit fait faire. Le Chevalier qui l'avoit rencontré & à qui la Fée avoit fait prendre le nom d'Alcée, lui dit que charmé de son esprit & de toutes ses manieres, il estoit resolu de ne le point quitter qu'il ne l'eust conduit en lieu où il pourroit esperer des avantures agreables dont il osoit bien lui répondre, & qu'avec tout le merite qu'il lui voyoit, il ne se pouvoit pas qu'il ne fust aimé dans tous les lieux où il iroit, & que pour cette raison il lui conseilloit de choisir la Cour d'un grand Roi où il pust rencontrer des avantures dignes de luy.

Le Prince, qui n'avoit autre chose en veuë & qui crût voir qu'Alcée luy parloit de bonne foy, le pria de lui enseigner quelle Cour il devoit choisir; aprés quelques raisonnemens, & quelques reflexions sur l'estat des affaires de tous les Princes voisins, ils resolurent de passer les Alpes pour aller chez le Roy d'Arles qui avoit nom Godefroy, Prince qui faisoit beaucoup de bruit dans le monde, tant par sa Science que par sa sagesse, & qu'on savoit qui recevoit les Etrangers chez lui fort honorablement; on savoit encore qu'il n'avoit que des filles, & Alcée dit au Prince Guerini qu'estant fait comme il estoit, il ny avoit aucune fortune à laquelle il ne pust pretendre.

Le Prince qui estoit jeune, & qui se connoissoit né de grand lieu conçût facilement des esperances; il forma dés ce moment le dessein de plaire à l'une des Princesses d'Arles, & le cœur plein d'un si beau projet, ils voyagerent ensemble & arriverent enfin à la Cour d'Arles, quelque temps aprés leur arrivée le Prince Guerini se presenta devant le Roy Godefroy comme un Chevalier qui couroit le monde par la curiosité de s'instruire de ce qui s'y passoit. Le Roy voulut savoir qui il estoit, & le Prince luy ayant dit qu'il avoit des raisons pour cacher sa patrie lui aprit seulement que son nom estoit Guerini, & que le Chevalier qui l'accompagnoit avoit nom Alcée, qu'ils estoient deux Chevaliers qui avoient fait vœu de chercher des avantures de Chevalerie, & d'apprendre ce qui se faisoit de considerable dans le monde. Le Roy qui les voyoit de si bonne mine, & qu'ils luy parloient avec toutte l'asseurance de ceux qui sont nourris parmi les Princes, expliqua le mistere qu'ils faisoient trés avantageusement pour eux & les jugeant de haute naissance leur fit de fort grands honneurs, & leur en fit rendre par tous ses Courtisans.

Les deux Chevaliers vecurent ainsi tranquillement à la Cour d'Arles pendant quelques mois, & le Prince Guerini, qui avoit son dessein formé, songeoit à plaire à l'aisnée des deux Princesses sans pourtant se declarer. Pour Alcée, quoy qu'il ne fust pas Prince, il avoit tant de confiance à la science que la Fée lui avoit conferée qu'il ne desesperoit pas de plaire à la cadette, mais la Fée qui estoit jalouse n'eust pas cedé aisement à une autre un Chevalier si aimable, & qu'elle n'avoit rendu tel que pour en faire de temps en temps les delices de son Palais.

Cependant les Courtisans à qui le merite des deux Etrangers donnoit de l'inquietude, ayant appris qu'ils se vantoient d'avoir beaucoup de valeur, & qu'ils cherchoient des occasions de la faire paroître proposerent au Roy de les envoyer combattre des Geans qui faisoient trembler tous ses sujets, & lesquels aprés avoir de temps en temps faits de grands desordres dans la plaine, se retiroiét dans les montagnes, où personne ne les osoit aller chercher ; le Roy répondit qu'il ne pouvoit se resoudre à les exposer à de si grands dangers, à moins que le desir de gloire, pour laquelle on les difoit fi paffionnez ne leur fift fe prefenter de leur propre mouvement pour une fi grande expedition, où il les feroit affifter par ceux de fes fujets à qui il connoiffoit meilleure volonté de lui rendre fervice, il ajouta en mefme temps qu'il ny avoit rien qu'ils ne deuffent attendre de fa reconnoiffance s'ils venoient à bout de délivrer fes Etats d'Enemis fi cruels; & il confeffoit qu'il ne pouvoit attendre ce bonheur que d'eux, puifque fes fujets, qui n'avoient jamais veû la Guerre, n'eftoient pas propres aux entreprifes hardies.

Le bruit s'eftant repandu dans la Cour que les deux Chevaliers Etrangers vouloient entreprendre d'exterminer les Geans, il parvint jufqu'à eux qui n'y avoient pas encore fongé, & ils apprirent en mesme temps que le Roy avoit declaré qu'ils pouvoient tout esperer de sa reconnoissance s'ils lui rendoient un service si important.

Alcée qui avoit confiance à la protection de la Fée, laquelle lui avoit déja tant fait de graces, encourageoit Guerini à cette entreprise, & voyant qu'il avoit beaucoup de peine à se resoudre de s'exposer à un peril qui étoit si évident, il lui confia tout son secret, & aprés lui avoir dit qu'il estoit l'homme Sauvage qui luy avoit une si grande obligation, & lui avoir fait savoir celles qu'ils avoient tous deux à une puissante Fée qui les avoit pris en sa protection, il lui declara comme il avoit esté averty du complot de ses domestiques, dont la bonne Fée l'avoit voulu garentir en l'envoyant pour luy tenir compagnie, mais que comme il les avoit toûjours obfervé depuis, & que la volonté pourroit leur eftre changée, il ne lui en avoit rien dit, il ajouta qu'il eftoit d'avis de ne leur pas témoigner qu'on les foupçonnaft, parce qu'il faloit les referver pour les expofer à la premiere fureur des Geans, que c'eftoit un moyen de les punir de leur mauvais deffein dont on pouvoit tirer de l'utilité; le Prince charmé du raifonnement d'Alcée qu'il trouvoit fi prudent, & enflé d'efperance par la protection d'une Fée ne balança plus; & ils convinrent tous deux qu'il faloit aller s'offrir au Roy fans perdre de temps.

Ce qui encouragea principalement Guerini fut la paffion

qu'il avoit pour la Princesse Pontiane, & la bonté qu'elle avoit eu depuis quelques jours de lui laisser voir un peu de tendresse dans ses yeux. Alcée de son costé qui trouvoit la Princesse Eleuthrie charmante, eût exposé mille vies pour la meriter, mais il craignoit fort d'estre traversé par la Fée qu'il savoit jalouse au dernier point, ce qui ne l'empêcha pourtant pas de se livrer volontiers à l'entreprise, il savoit que du moins la gloire luy en demeureroit éternellement, & qu'il contribuëroit à la satisfaction du Prince Guerini qu'il aimoit veritablement.

Ils allerent donc offrir leurs trés-humble services au Roy, à qui ils promirent de détruire la race des Geans qui desoloient ses Etats, ou du moins de les chasser bien loin, s'il avoit agreable de donner des Guides qui pussent les conduire, & leur enseigner les retraittes qu'avoient dans les montagnes les Ennemis qu'ils alloient combattre: ils le prierent aussi de leur donner la liberté de choisir quinze ou vingt hômes dans les troupes de sa Garde, pour s'en servir dans cette expedition, selon les occasions ou ils en auroient besoin. C'estoit bien peu de monde pour une si grande entreprise, mais le Prince qui la faisoit estoit d'une grande valeur, & Alcée l'asseuroit que la Fée, de qui il estoit le favory, ne les abandonneroit pas dans une occasion si importante.

Ils marcherent tous deux avec cette confiance, & une petite troupe pour une expedition que tout autre qu'eux n'eust pas entrepris avec deux mille hommes bien aguerris; les Geans eſtoient en grand nombre, & un ſeul eſtoit capable de mettre en fuite une troupe comme celle qui les alloit chercher, c'eſtoient des hommes d'une taille & d'une force prodigieuſe, ils étoient même, d'une mine ſi affreuſe qu'on ne pouvoit ſeulement ſoutenir leurs regards; ils eſtoient armez chacun d'une Maſſuë faite d'une groſſe branche d'Arbre, & ils n'avoient jamais trouvé hommes ny animaux qui euſſent peû leur reſiſter, ils paſſoient la nuit dans des Cavernes dont ils fermoient l'entrée avec de grands Rochers qu'ils manioient comme il leur plaiſoit, ils ſe repaiſſoient de ſang & de carnage, & ne portoient pour tous habits que les peaux des Lions, & des Ours qu'ils avoient vaincus.

Voila les Ennemis que Guerini & Alcée, suivis d'une petite troupe mal aguerie, entreprenoient de détruire & dont ils ne feroient jamais venu à bout fans cette Fée fecourable qui les avoit pris fous fa protection. Elle leur apparut le premier jour de leur marche, & n'eftant veuë que de Guerini & d'Alcée, elle les fit Chevaliers, leur donna à chacun une Lance enchantée, & à chacun un Cafque pour toutes armes offenfives & deffenfives; mais à chacun des Cafques il y avoit une Efcarboucle, laquelle, lorfqu'on la laiffoit à découvert, lançoit devant elle des traits de feu fi éclatans qu'on en eftoit ébloüi au point de ne pouvoir plus rien difcerner, & ce fut ce qui caufa la perte des Geans.

Les deux Chevaliers eftant arrivez dans les montagnes, avec leur petite Armée fournie de vivres pour quelques jours, apperceurent une Caverne fermée avec de gros Rochers, d'où s'étant approchez avec grand bruit & les Geans curieux de ce qui fe paffoit eftant fortis incontinant, ils expoferent à leur premiere fureur les deux ferviteurs de Guerini qui avoient eu de mauvais deffeins contre leur Maitre, & de qui la deffaite eftoit fi bonne, il en arriva ce qu'on avoit efperé, car les Geans pouffant, devant eux, en fortant les Rochers qui les enfermoient en écraferent ces deux malheureux, mais ils ne fe furent pas pluftoft avancez que les deux Chevaliers les attaquan fans en pouvoir eftre difcerne à caufe de la lumiere que jettoi les Efcaboucles, ils furent percez de coups de lance, & fe retirerent dans leurs Cavernes avec des cris épouvantables ; la même difgrace arriva à plufieurs le premier jour de cette entreprife ; & ceux qui avoient évité la mort, s'eftant affemblez la nuit, pour tenir Confeil, firent un fignal au point du jour avec une maniere de Drapeau blanc, pour demander la Paix; les Chevaliers firent avancer deux des leurs, & deux Geans s'avancerent auffi & offrirent de la part de tout leur corps, de fe retirer fort avant dans les Montagnes, & de donner des feuretez qu'ils n'entreroient jamais dans la plaine pourveû qu'on juraft de les laiffer les maîftres dans une étenduë des Montagnes qu'ils demandoient.

Le Traité fut fait fuivant le

pouvoir qu'en avoit le Prince Guerini, aux conditions que deux des Principaux Geans se laisseroient conduire enchaînez jusques à la Cour, qu'ils y demeureroient quelques années en otage, & que Guerini pust faire emporter pour marque de sa victoire les testes de ceux des Geans qui estoient morts de leurs blesseures, ce qu'on lui accorda.

Le Prince partit ensuite des Montagnes aprés avoir fait en execution du Traité, retirer les Geans dans les bornes qui leur estoient prescrittes, & avoir fait enterrer quelques uns des siens qui avoient esté tuez dans cette occasion, les otages furent livrez, & les testes des Geans au nombre de dix, aprés quoy il reprit le chemin de la Cour.

La genereuse Fée qui avoit
tant

tant contribué à l'heureux succés de cette expedition, n'avoit exigé d'Alcée pour toute reconnoissance sinon qu'aussi tost qu'elle seroit achevée il allast passer quelques jours avec elle, ce qu'Alcée ayant promis, & voulant éviter l'ingratitude qu'il regardoit comme un vice énorme, y alla malgré la passion qu'il avoit de revoir la charmante Princesse, à qui il avoit fait le dessein de plaire, il regretoit aussi de quitter son cher Guerini qui le prioit de prendre part à ses Triomphes, puisqu'il en avoit eu une si grande à la Victoire. Alcée qui le quittoit avec la douleur qu'on peut juger, l'asseura qu'il le reverroit bientost, & ainsi ces deux Chevaliers se quitterent aprés s'estre embrassez tendrement, Alcée alla revoir la genereuse Fée, & Guerini arriva à la Cour où il fut receu avec des acclamations du peuple qui qui ne se peuvent exprimer.

Le Roy & la Reine eurent une si grande reconnoissance de ce qu'il avoit fait qu'ils l'asseurerent qu'ils n'avoient aucun moyen de recompenser une si grande action dont il ne pust disposer, la Princesse Pontiane lui fit un accueil si favorable qu'il en fut charmé, elle avoit esté disposée à lui vouloir beaucoup de bien devant son départ, un retour si glorieux la détermina, & son cœur devint fort sensible. Les Dames se croient obligées de recompenser les actions glorieuses, & on en voit tous les jours qui aiment des hommes fort laids & sans politesse, seulement parce qu'ils ont acquis quelque reputation par les armes.

Le Roy qui avoit conceu beaucoup d'estime pour Alcée demanda avec empressement ce qu'il estoit devenu, Guerini répondit qu'il seroit bientost à la Cour, que quelques devoirs indispensables l'avoient obligé à un voyage qui ne seroit que pour peu de jours, & il rendit un compte exact à Sa M. de la part qu'un si brave Chevalier avoit eu à la Victoire. Le Roy fut bien aise d'apprendre qu'il viendroit recevoir les témoignages de sa reconnoissance, & en attendant qu'il arrivast, il n'oublia aucune caresse ny aucun bon traitement pour en donner à Guerini, il fit aussi des presens considerables à ceux de ses sujets qui s'estoient distinguez dans cette occasion sur le rapport que lui en fit Guerini.

Plusieurs jours s'estant passez en Festes & en réjoüissances continuelles, Guerini fut pressé de la part du Roy de declarer quelle recompense il avoit choisi, il demanda encore deux jours pour y penser, c'estoit pour chercher une occasion de parler à la Princesse, il la trouva, & lui ayant dit sa naissance, il lui declara ensuitte la grande passion qu'il avoit pour elle, & que c'estoit dans la vûë de la meriter, qu'il avoit fait l'entreprise qu'il venoit d'executer, qu'il y avoit eû des succés dont le Roy estoit satisfait, mais pour lui qu'il ne trouvoit pas que ce fust assez, pour estre devenu digne d'elle, qu'il ne demandoit pour toute la recompense que le Roy lui offroit, que la permission de la servir jusqu'à ce qu'elle eust agreable de lui accorder la seule qu'il pouvoit jamais desirer, qui ne pouvoit dependre que d'elle, à quoy la Princesse ayant répondu, que si elle dependoit d'elle, le Roy la lui pouvoit accorder quand il lui plairoit, puisqu'il estoit le maistre de ses volontez, & qu'elle lui obëiroit dans cette occasion sans répugnance.

Le Prince charmé d'entendre parler si favorablement pour lui, se jetta aux pieds de la Princesse & lui jura qu'il feroit au delà de toutte imagination, pour se rendre digne du bonheur qu'elle lui accordoit, il lui dit que puisqu'elle le trouvoit bon, il alloit declarer au Roy ce qu'il avoit appris de sa naissance, & ensuitte la hardiesse qu'il avoit eu de pretendre à une si haute récompense du peu qu'il avoit fait pour son service.

Le Roy ayant appris que Guerini estoit fils de Roy fust trés-satisfait d'avoir occasion de ne rien faire qui ne fust digne de lui & de la Princesse, en la donnant à un vainqueur qui estoit desja si illustre par sa victoire qu'il n'eust peu luy refuser la Princesse, quand il n'eust esté qu'un simple Chevalier. Les nopces se firent peu de jours aprés & furent suivies d'une felicité d'un grand nombre d'années. Le credit du Prince Guerini fut si grand dans cette Cour, qu'il obtint peu de temps aprés son mariage la Princesse Eleuctrie pour Alcée. Et ensuite pour rendre son bonheur parfait, il voulut le faire connoître au Roy & à la Reine à qui il devoit le jour. Et partagea ainsi tout le reste de sa vie, entre deux Cours, dont la Princesse & lui faisoient les délices, & où leur posterité a regné plusieurs siecles avec grande gloire.

LA REINE
DE
L'ISLE DES FLEURS.

CONTE.

L y avoit autrefois dans le Royame de Lisle des Fleurs une Reine qui perdit dans une grande jeunesse le Roy son
mary

LA REINE DES FLEURS. 169
mari qu'elle aimoit tendrement & de qui elle estoit aimée de mesme, cette tendresse reciproque avoit donné la vie à deux Princesses parfaitement belles, que la Reine leur mere faisoit élever avec tous les soins possibles, & elle avoit le plaisir de voir tous les jours augmenter leurs agrémens; l'aînée particulierement estoit à l'aage de quatorze ans devenuë incomparable en beauté, ce qui causa quelque inquietude à la Reine, parce qu'elle savoit que la Reine des Isles en auroit de la jalousie.

La Reine des Isles qui croyoit estre la plus belle Princesse du monde exigeoit de touttes les belles personnes une reconnoissance de la superiorité de sa beauté; estant poussée par cette

P

vanité, elle avoit obligé le Roi son mari à conquerir toutes les Isles qui estoient au voisinage de la sienne, & le Roy qui estoit équitable, & qui n'avoit proprement fait cette entreprise que pour satisfaire la Reine, ne songeant encore aprés sa conqueste qu'à ce qui pouvoit lui faire plaisir, n'imposa pour loy à tous les Princes qu'il avoit soumis que l'obligation d'envoyer toutes les Princesses de leur sang aussitost qu'elles seroient en l'aage de quinze ans faire hommage à la beauté de la Reine sa femme.

La Reine de l'Isle des Fleurs qui savoit cette obligation songea aussitost que sa fille aînée eut quinze ans, à la conduire aux pieds du Trosne de la superbe Reine; la beauté de la jeune Princesse avoit déja tant fait de bruit qu'il s'eſtoit répandu par tout, & que la Reine des Iſles, qui en avoit beaucoup entendu parler, l'attendoit avec une inquietude qui eſtoit le préſage de la jalouſie dont elle ſe trouva ſaiſie dans la ſuite; elle fut veritablement éblouïe d'une beauté ſi éclatante, & ne pût s'empêcher de demeurer d'accord qu'elle n'avoit jamais rien veu de ſi beau, s'entend qu'elle jugeoit que c'eſtoit aprés elle, car l'amour propre qui la poſſedoit abſolument l'empêchoit de croire la Princeſſe plus belle qu'elle, elle la traitoit meſme aſſez civilement, dans la penſée qu'elle ne lui ôteroit pas ſa ſuperiorité: mais les acclamations que tous les hommes & toutes les femmes de ſa Cour donnoient à la beauté de la Princesse, causerent un si grand depit à la Reine, qu'elle en perdit toute contenance; elle se retira dans son cabinet faisant la malade, pour n'estre plus témoin des triomphes d'une si aimable rivale, & elle fit dire à la Reine de l'Isle des Fleurs qu'elle ne la pouroit plus voir à cause de l'incommodité qui luy estoit survenuë, qu'elle luy conseilloit de plus de se retirer dans ses Etats, & d'y ramener la Princesse sa fille.

La Reine des Fleurs qui avoit autrefois fait un assez long séjour en cette Cour, y avoit fait amitié avec la Dame d'honneur de la Reine, laquelle lui conseilla confidemment de ne demander pas à prendre congé de la Reine, & de songer à sortir de ses Etats le plus promptement qu'il luy seroit possible.

La Dame d'honneur qui étoit bonne personne, & qui avoit promis amitié à la Reine de l'Isle des Fleurs, eſtoit embaraſſée entre les devoirs de l'amitié, & la fidelité qu'elle devoit à la Reine qu'elle ſervoit: elle creut prendre un juſte temperamment, en avertiſſant ſeulement la Reine ſon amie, que la Reine ſa Maiſtreſſe avoit quelque mécontentement qu'elle ne lui pouvoir dire; elle crût pouvoir ſeulement lui conſeiller de ſe retirer dans ſes Etats ſans perdre aucun temps, & quand elle y feroit, d'empêcher durant ſix mois la Princeſſe ſa fille de ſortir de ſon Palais, pour quelque cauſe & quelque occaſion que ce fuſt, elle lui promit de plus d'employer pendant ce temps là tout son credit & toute son industrie pour adoucir l'esprit de la Reine sa Maistresse.

La Reine de l'Isle des Fleurs qui avoit compris par les discours mysterieux de son amie, que la Princesse sa fille avoit beaucoup à craindre de la vengeance de la Reine, & que c'étoit parce qu'elle se sentoit fort offensée du grand bruit que la beauté de cette charmante Princesse avoit fait à sa Cour la r'amena dans ses Etats, & la conduisit dans son Palais en toute diligence.

Comme elle n'ignoroit pas jusqu'où s'étendoit le pouvoir que les secrets de Féerie donnoient à la Reine irritée, elle avertit la Princesse sa Fille qu'elle estoit menacée d'un grand danger, si elle sortoit du Palais, lui recommandant par toute l'autorité & par toute la tendresse de mere de ne pas l'entreprendre fans fa permiffion, pour quelque raifon que ce fuft. La Reine n'oublioit rien pour divertir la Princeffe fa fille, & ne fortoit mefme que rarement, pour lui rendre ce long fejour plus fuportable, en lui faifant compagnie.

Les fix mois eftant prêts d'expirer ; il fe faifoit précifement au dernier jour une Fefte de grande réjoüiffance dans une prairie charmante qui eftoit au bout de l'avenuë du Palais, de forte que la Princeffe en ayant veu les préparatifs par la feneftre de fon appartement, & eftant trés ennuyée d'avoir efté pendant un fi long temps privée du plaifir de la promenade, dans un pays qui eſtoit par tout couvert de fleurs, elle ſupplia la Reine de lui permettre d'aller faire un tour dans la prairie, la Reine qui creut que le peril étoit paſſé y conſentit, elle y voulut meſme aller avec elle, ſuivie de toute la Cour, qui eſtoit charmée de voir une Princeſſe, qui faiſoit ſes delices, en liberté aprés une detention de ſix mois, dont la Reine n'avoit pas dit la cauſe. La Princeſſe ravie de joye de marcher dans un chemin parſemé de toute ſorte de fleurs aprés en avoir eſté privée ſi long temps, devançoit la Reine ſa mere de quelques pas, mais (quel cruel ſpectacle) la terre s'ouvrit ſous les pieds de la charmante Princeſſe, & ſe referma aprés l'avoir engloutie; la Reine tomba évanouie de douleur, la jeune Princesse répandit des larmes, & ne pouvoit quitter le lieu où elle avoit veu disparoistre la Princesse sa sœur. Cét accident mit toute la Cour dans une si grande consternation, qu'on n'en a jamais veu de pareille.

Les Medecins furent appellez pour secourir la Reine, laquelle estant revenuë de son évanouïssement par leurs remedes, fit percer la terre jusqu'aux abismes, & ce qu'il y eut de plus surprenant, c'est qu'on n'y trouva aucuns vestiges du passage de la Princesse, elle avoit fort promptement traversé l'épaisseur de la terre, & s'estoit trouvée dans un desert où elle ne voyoit que des rochers & des bois, sans pouvoir appercevoir la moindre trace de pas d'hommes, elle y rencontra seulement un petit chien d'une beauté merveilleuse qui courût à elle aussi-tost qu'elle parut & lui faisoit mille carresses, toute étonnée qu'elle estoit d'une avanture si terrible, elle ne laissa pas de prendre entre ses bras ce petit chien qu'elle trouvoit si joly & si carressant; aprés l'avoir tenu quelques momens, elle le mit à terre, & incertaine de quel côté elle devoit conduire ses pas, elle vit marcher le petit chien, lequel tournant à tous momens la teste, sembloit la convier de le suivre, elle se laissa ainsi conduire sans savoir ou, elle n'eut pas marché long temps qu'elle se trouva sur une petite éminence, d'où elle decouvrit un valon chargé d'arbres fruitiers qui portoient des fleurs & des fruits en mesme temps, elle apperceut mesme que la terre aux pieds des arbres estoit couverte de fleurs & de fruits, & elle vit dans le milieu d'un si beau parterre une fontaine bordée de gazon, elle s'en approcha, & trouva que l'eau en estoit claire comme eau de roche, elle s'assit sur ce gazon, où accablée d'un malheur qu'elle ne pouvoit regarder sans horreur, elle fondoit en larmes, voyant tout à craindre, & ne pouvant prevoir d'où luy pouroit venir le moindre secours, elle voyoit bien quelque remede contre la faim & la soif, elle prist des fruits & se servit de sa blanche main pour prendre de l'eau, & en beut, mais quel secours pouvoit elle se promettre contre les bestes sauvages, elle ne pouvoit s'oster de la pensée qu'elle estoit en danger d'en estre devorée.

S'estant enfin resoluë à tous les maux qu'elle ne pouvoit éviter, elle cherchoit à étourdir sa douleur en caressant son petit chien, elle passa ainsi le jour sur le bord de cette fontaine, mais la nuit s'aprochant ses embaras redoublerent, & elle ne savoit quel parti prendre, quand elle s'apperceut que son petit chien la tiroit par la robe, elle ny fit pas au commencement une grande attention, mais voyant qu'il s'opiniâtroit, & qu'aprés l'avoir prise par la Robe, il marchoit trois pas, & toûjours du même costé, & revenoit un moment aprés la reprendre par la Robe, paroissant visiblement lui vouloir faire suivre ce chemin là, elle s'y laissa enfin conduire, & se trouvant au pied d'un Rocher, elle y vit une ouverture spacieuse, où il luy sembla encore que son petit chien la convioit d'entrer par les mesmes moyens dont il s'estoit servy pour la conduire où elle estoit.

La Princesse surprise en entrant dans le Rocher d'y découvrir une caverne agreable, éclairée par l'éclat des pieres qui la composoient comme elle l'eust esté par la lumiere du Soleil, y aperceut dans l'endroit le plus reculé un petit lit couvert de mousse, elle s'y ala reposer, & son petit chien se mit incontinent à ses pieds; elle estoit toujours dans un nouvel étonnement de voir des choses qu'elle connoissoit si peu ; les reflexion qu'elle faisoit, & le travail de sa journée l'ayant accablée, le sommeil la saisit, & elle s'endormit.

Le jour estant venu elle fut éveillée par le chant des oiseaux qui couvroient toutes les branches de quelques arbres qui étoient autour du Rocher, dans une autre conjoncture, elle en eût esté charmée, car jamais ramage ne fut si diversifié ny si melodieux, le petit chien s'estant éveillé, comme elle, s'approcha de ses pieds avec de petites manieres caressantes, il sembloit qu'il les luy voulust baiser ; elle se leva & sortit pour respirer l'air le plus doux qu'elle eust pû desirer, n'y ayant pas sous le Ciel un plus aimable Climat ; le petit chien se mit à marcher devant elle, & revenoit comme il avoit déja fait, la prendre par la robe ; elle se laissa guider, & il la ramena dans cet agreable partere & au bord de la fontaine, où elle avoit passé une partie du dernier jour, elle y mangea des fruits, & but de l'eau dont elle se trouva satisfaite comme d'un bon repas ; voila comme elle passa plusieurs mois ; ne se voyant aucun ennemy à craindre, sa douleur s'appaisa peu à peu, & sa solitude luy devint plus supportable ; son petit chien si joly & si caressant y avoit beaucoup contribué : un jour qu'elle le vit fort triste, & qu'il ne la carressoit plus, elle eût peur qu'il ne fût malade, elle le mena en un lieu où elle luy avoit veû manger d'une herbe qu'elle espera qui le soulageroit, mais il ne fut pas possible de lui en faire prendre, sa tristesse dura tout le jour, & ensuitte toute la nuit qu'il paſſa faiſant de grandes plaintes.

La Princeſſe s'eſtoit endormie & à ſon réveil ſon premier ſoin fut de chercher ſon petit chien, mais ne le trouvant plus à ſes pieds qu'il n'avoit pas coutume de quitter, elle ſe leva avec de grands empreſſemens pour voir ce qu'il ſeroit devenu ; en ſortant du Rocher elle entendit la voix d'un homme qui ſe plaignoit, & elle vit un vieillard qui s'enfuit ſi promptement qu'elle le perdit de veuë en un moment ; voila une nouvelle ſurpriſe pour elle, un homme dans un lieu où il n'en avoit paru aucun depuis pluſieurs mois, & la perte de ſon petit chien la ſurprenoit autant qu'aucune autre choſe, comme il luy avoit eſté ſi fidelle depuis le premier

jour

jour de fa difgrace, elle ne favoit fi ce vieillard ne feroit pas venu le lui enlever : elle erroit au tour de fon Rocher avec cent penfées differentes, quand tout d'un coup elle fe vit envelopée d'une épaiffe nuë, & tranfportée dans les airs, elle ne fit pas de refiftance, & s'eftant laiffée conduire, elle fe vit avant la fin du jour, ne fachant par où elle eftoit paffée, dans une des avenuës du Palais où elle eftoit née, & la nuë avoit difparu ; mais elle vit, en approchant du Palais, un trifte fpectacle, tous les hommes qu'elle rencontroit étoient vêtus de deüil, ce qui lui fit apprehender d'avoir perdu la Reine fa mere ou la Princeffe fa fœur. Quand elle fut plus prés du Palais, elle fut reconnuë, & elle entendit retentir

Q

l'air de cris de joïe ; la Reine avertie par la voix publique courut au devant de la Princesse, l'embrassa tendrement, & lui dit qu'elle lui remettoit sa Couronne que les peuples l'avoient obligée de prendre aprés la mort de la Reine leur mere arrivée quelques jours aprés le fatal accident qui l'avoit fait disparoître ; il y eût entre les deux Princesses une noble contestation se voulant ceder toutes deux la Couronne, & enfin l'aînée l'accepta, mais à condition de partager son autorité avec la Princesse qui la luy cedoit, & qui declara qu'elle n'y accepteroit aucune part estant tres-satisfaite de la gloire d'obeïr à une si charmante Reine.

La Princesse ayant donc pris la Couronne qui estoit son droit songea à rendre les derniers devoirs à la memoire de la Reine sa mere, & à donner à la Princesse sa sœur, mille marques de reconnoissance de la generosité qu'elle avoit eû de luy ceder une Couronne dont elle estoit en possession, & ensuite estant sensiblement touchée de la perte d'un petit chien qui lui avoit esté si longtemps fidelle dans sa solitude, elle ordonna qu'on le cherchast dans toutes les Parties du monde qui lui estoient connuës, & ceux qu'elle y avoit employez ne lui en ayant rien appris, elle en fût si affligée que sa douleur la porta à dire qu'elle donneroit la moitié de ses Etats à celuy qui le lui remettroit entre les mains; la Princesse sa sœur estant trés-surprise d'une resolution si extraordinaire, pour ne pas dire extravagante, employa inutilement mille raisons pour la combatre.

Les Seigneurs de la Cour touchez d'une si belle recompense partirent chacun de son costé, & revinrent comme les premiers n'ayant aucune novelle agreable à dire à la Reine, elle en tomba dans une affliction si excessive qu'elle se porta à faire publier qu'elle épouseroit celui qui lui apporteroit son petit chien sans lequel elle sentoit, disoit-elle, pour s'excuser, qu'il ne luy étoit pas possible de vivre. L'esperance d'un prix si peu attendu rendit la Cour deserte ; pendant qu'un chacun cherchoit de son costé on vint un jour avertir la Reine qui estoit dans son cabinet avec la Princesse sa sœur, qu'il y avoit un homme de fort mauvaife mine qui demandoit à luy parler, elle ordonna qu'on le fift entrer, il entra & dit à la Reine qu'il venoit lui offrir de luy rendre fon petit chien pourveu qu'elle tinft fa parole ; la Princeffe parla la premiere, & foutint que la Reine ne pouvoit prendre la refolution de fe marier fans le confentement de fes fujets, & qu'il eftoit neceffaire d'affembler le Confeil dans une occafion fi importante : la Reine n'ayant rien à répondre contre les raifons de la Princeffe, ordonna un appartement dans le Palais à un homme qui avoit une fi haute pretention, & confentit de fe foumettre aux deliberations de fon Confeil qu'elle fit affembler le lendemain, quand la Princeffe fut feule avec la

Reine elle lui representa si fortement le tort qu'elle se faisoit en proposant une pareille recompense pour un petit chien, qu'elle la fit resoudre de renoncer à un dessein si bisarre.

La Reine ne fut peut-estre pas fâchée qu'on lui eust fourni un pretexte pour manquer de parole à un homme de si mauvaise mine; le Conseil estant assemblé le lendemain, la Princesse y fit resoudre qu'on offriroit à cet homme si laid de grandes richesses, pour le prix du petit chien, & que s'il les refusoit on le feroit sortir du Royaume sans qu'il parlast davantage à la Reine; cet homme refusa les Richesses & se retira; La Princesse rendit compte à la Reine de la resolution du Conseil, & de celle de cet homme qui s'estoit

DES FLEURS.

retiré aprés avoir refusé les richesses qu'on luy avoit offertes; la Reine dit que tout cela s'etoit passé dans l'ordre, mais que comme elle estoit maistresse de sa personne, elle partiroit le lendemain aprés luy avoir remis la Couronne, & iroit errer par le monde jusqu'à ce qu'elle eust trouvé son petit chien ; la Princesse effrayée de la resolution de la Reine qu'elle aimoit veritablement, n'oublia rien pour la faire changer, elle l'asseura avec une generosité sans égale qu'elle n'accepteroit jamais la Couronne. Dans le temps qu'ils estoient dans une conversation si triste, un des Principaux Officiers de la maison de la Reine se presenta à la porte de son cabinet pour l'avertir que la Mer estoit couverte de Vaisseaux ; les deux

Princesses se mirent sur un Balcon, & virent une Armée qui s'approchoit du Port à toutes voiles, & l'ayant considerée elles jugerent par sa magnificence qu'elle ne venoit pas pour faire la guerre, elles voyoient tous les Vaisseaux couverts de mille marques de galanterie, ce n'estoient que Pavillons, Enseignes, Banderoles & Flames de soïe de touttes couleurs, elles furent confirmées dans cette pensée quand elles virent avancer un des plus petits Vaisseaux qui portoit des Enseignes Blanches en signe de Paix; la Reine avoit ordonné qu'on couruft au Port, & qu'on allaft au devant de cet Armée pour savoir d'où elle étoit, & elle fuft bientoft avertie que c'estoit le Prince de l'Isle des Emeraudes qui demandoit

la

la liberté de decendre dans ſes Etats, & de luy venir offrir ſes trés-humbles reſpects ; la Reine envoya ſes principaux Officiers juſqu'au Vaiſſeau du Prince pour luy faire ſes complimens, & l'aſſeurer qu'il eſtoit le trés-bien venu ; elle l'attendoit dans ſon Throſne qu'elle quitta quand elle le vit paroiſtre, elle alla meſme quelques pas au devant de luy : cette entreveuë ſe fit avec une grande civilité de part & d'autre, & la converſation fût fort ſpirituelle.

La Reine fit conduire le Prince dans un appartement magnifique, il demanda une audiance particuliere, & elle luy fut accordée pour le lendemain, l'heure de l'Audiance eſtant venuë, le Prince fut introduit dans le cabinet de la Reine qui

R

n'avoit que la Princesse sa sœur auprés d'elle; il dit à la Reine en l'abordant qu'il avoit des choses à lui dire qui eussent pû surprendre toute autre personne; mais qu'elle en reconnoistroit aisément la verité, par des circonstances qui n'estoient sceuës que d'elle; je suis continua-t'il à dire, voisin des Etats de la Reine des Isles, les miens font une peninsule qui a un petit passage dans son Royaume; un jour estant animé par la passion que j'avois pour la chasse, je suivis un Cerf jusques dans l'une de ses Forests, j'eûs le malheur de la rencontrer, & ne l'ayant pas crû la Reine, parce qu'elle n'avoit pas grande suitte, je ne m'arrestay pas pour luy rendre ce qui lui estoit dû, vous sçavez, Madame, mieux que personne, dit-il encore, qu'elle est très vindicative, & qu'elle à une puissance de Féerie admirable; je l'éprouvay sur l'heure la terre s'ouvrit sous mes pieds & je me trouvay dans une Region esloignée, transformé en petit chien & c'est où j'ay eu l'honneur de vous voir, Madame; six mois estant expirés, la vengeance de la Reine n'estant pas encore complette, elle me metamorfosa en hideux vieillard, & en cet estat j'eûs tant de peur de vous estre desagreable, Madame que j'allay m'enfoncer dans l'endroit le plus espais d'un bois, où j'ay encore passé trois mois, mais j'ay esté assez heureux pour y rencontrer une Fée secourable qui m'a delivré de la Puissance de la superbe Reine des Isles, & m'a averti de tout ce qui vous eſtoit arrivé, Madame, & du lieu où je vous pourrois rencontrer, j'y viens pour vous offrir les hommages d'un cœur qui ne connoit pas d'autre puiſſance que la voſtre, Madame, depuis le premier jour que je vous ay rencontrée dans le deſert.

Aprés ce diſcours le Prince continua à dire à la Reine que les Fées offenſées du mauvais uſage que la Reine des Iſles avoit fait de ſes dons de Feérie, les lui avoient oſtez; le Prince eût enſuitte avec la Reine pluſieurs autres converſations où la Reine & lui convinrent enſemble de ſe lier de nœuds éternels, & cette reſolution ayant eſté renduë publique, fut receuë avec des applaudiſſemens univerſels, ce n'eſtoit pas ſans raiſon, car jamais des ſujets n'ont vécu sous une domination si douce, ils en joüirent méme prés d'un siecle, le Roy & la Reine les ayant gouverné ensemble, & vécu dans une parfaite felicité jusqu'à une extréme vieillesse.

LE FAVORI DES FE'ES.

CONTE.

GAleran jeune Gentil-homme de la Ville de Naples, & nourry à la Cour, ayant efté foup-çonné d'avoir donné un mau-vais confeil au jeune Prince fuccesseur de la Couronne de qui il estoit le Favori, s'enfuit avec tant de precipitation, pour éviter la colere du Roy, qu'il n'emporta chose au monde. Il avoit si grande peur d'estre suivy qu'il marcha jour & nuit jusqu'à ce qu'il fust sorti des confins du Royaume, il avoit marché trente-six heures sans avoir mangé ny fait repaître son Cheval qu'une fois, tellement qu'il se trouvoit accablé de lassitude & que son Cheval ne pouvoit plus mettre un pied devant l'autre, il falloit donc necessairement s'arrester, mais ne trouvant aucune maison sur son chemin, il fut obligé d'entrer dans une belle Prairie pour faire paturer son Cheval, il apperceut qu'il y avoit dans les hayes des Grenades & des Oranges, il en prit & il en mangea n'ayant pas mieux, & s'eſtant aſſis à l'ombre, ne pouvant reſiſter à la laſſitude & au ſommeil, il s'endormit, laiſſant ſon cheval à l'aventure.

Une puiſſante Fée, qui avoit ſon Palais dans un bois de ce voiſinage, s'eſtant venu promener dans cette prairie, apperceut Galeran qui eſtoit dans un profond ſommeil, & l'aiant trouvé trés beau, elle s'aſſit auprés de lui pour attendre ſon réveil.

Aprés avoir longtemps contemplé tant de beauté, impatiente de ſavoir s'il avoit le regard touchant, & de grands agrémens dans la bouche dont elle ne pouvoit pas juger en l'eſtat où il eſtoit, elle l'éveilla en le pouſſant doucement avec une baguette qu'elle portoit à la main.

Galeran ſurpris de trouver une personne si magnifiquement vétuë auprés de luy, se leva en demandant par quel sort il se trouvoit en si bonne compagnie, la Fée lui dit qu'estant avertie d'une mauvaise aventure qu'il avoit eu, elle venoit lui offrir une retraite asseurée dans un Chateau où elle estoit la Maîtresse, & où il pourroit demeurer autant de temps qu'il lui plairoit ; & que quand il en voudroit partir, elle fairoit en sorte que ce seroit avec tout ce qui lui seroit necessaire dans tous les lieux où il luy prendroit envie d'aller. Galeran qui s'estimoit trop heureux de trouver tant de bonté à une personne qu'il voyoit si bien faite, luy dit qu'il estoit fâché de n'avoir eu aucune occasion de meriter les faveurs qu'elle lui offroit ;

mais qu'il n'oubliroit rien pour s'en rendre plus digne ; enfin les premiers complimens finis, elle le fit monter dans son Chariot à costé d'elle, & le meina dans son Palais, où elle n'oublia rien pour lui en rendre le sejour agreable.

Le Cavalier estant galant & poli répondit long-temps aux bontez de la Fée avec de grands empressemens ; mais ce qui arrive presque toûjours arriva entre eux, les grands empressemens se rallentirent, & leur conversation devenuë languissante, la Fée jugea en personne prudente qu'il n'estoit pas possible de borner l'ambition d'un jeune homme plein de feu dans les limites d'un Chateau, & qu'il lui faloit laisser chercher à faire parler de lui dans une carriere plus étenduë? comme elle avoit voulu apprendre les particularitez de ce qui avoit causé sa disgrace, elle jugea, par les difficultez qu'il fit de lui dire les secrets du Prince duquel il avoit esté le favori, qu'il estoit incapable de faire un mauvais usage de la confiance qu'on prenoit en luy.

L'ayant ainsi trouvé un jeune homme aussi sage qu'aimable, elle l'estima autant qu'elle l'avoit aimé, & le jugeant digne de toute sorte de bon-heur, elle lui voulût donner les moyens de paroistre dans le monde & d'y faire une grande fortune, mais ce fût à condition qu'il jurast d'estre toûjours de ses amis, & de la venir voir de temps en temps; ces conventions estant faites entr'eux, elle le congedia aprés lui avoir donné de l'Or & des Pierreries avec une lance & une armure enchantées, ce qui ne se fist pas sans répandre des larmes,

Enfin aprés de tendres adieux il partit, & ne se voyant en seureté en aucune des Cours d'Italie, il voulut passer la mer & s'en alla dans le Royaume d'Epire, où il savoit qu'il y avoit un Roy guerrier, qui recevoit volontiers à sa Cour les avanturiers qui luy alloient offrir leurs services, & qu'il avoit une Fille unique heritiere de son Royaume.

Galeran avoit le cœur naturellement capables des plus grands desseins, & la Fée luy ayant relevé ses esperances par la quantité d'Or & de Pierreries qu'elle luy avoit donnée; il s'estoit pourvû en Italie de domestiques & d'habits magnifiques, & arriva chez le Roy d'Epire en un équipage qui le faisoit juger un homme de grande condition : il s'alla luy-mesme presenter au Roy, qui avoit nom Marcian, lui dit qu'attiré par le bruit de ses exploits, il estoit venu lui offrir ses services, & qu'il le supplioit de le regarder comme un homme qui seroit dans les occasions aussi zelé pour la gloire de ses armes, que celui de ses sujets qui le servoit avec le plus de passion.

Le Roy qui avoit trouvé quelque chose dans sa phisionomie & dans ses manieres qui marquoient de la grandeur, fut curieux de savoir qui il estoit, mais Galeran le supplia de l'excuser s'il ne lui disoit pas sa patrie, il lui dit seulement qu'il avoit nom Galeran, & qu'il avoit de grandes raisons de ne lui rien dire de plus: le Roy ne le voulant pas presser davantage lui dit qu'il voyoit bien qu'il estoit de bon lieu & qu'il estoit trés-bien venu à sa Cour, où il trouveroit toutes sortes de satisfactions. Galeran lui rendit mille remercimens trés-humbles, & lui dit qu'il y attendroit les occasions de guerre, où il supplioit S. M. de l'employer. La Princesse Murcie heritiere du Royaume estoit auprés du Roy son pere, & Galeran lui fit une trés-profonde reverence. Le Roy se tourna pour parler à quelqu'un, dans ce temps ce jeune estranger se mesla parmi les Courtisans, qui luy firent toutes sortes d'honnêtetez. C'eſtoit à qui lui feroit le plus d'offres de ſervices, & un chacun s'empreſſa de lui faciliter les entrées chez les Dames: il fut meſme dans ce jour preſenté à la Princéſſe par ſa Dame d'honneur.

Galeran fut enchanté des beautez de la Princeſſe, & l'accueil gracieux qu'elle lui fit acheva de le rendre le plus paſſionné des hommes, il entra depuis ce jour dans touttes les parties & dans touttes les plus aimables ſocietez de la Cour, il eſtoit ſur tout fort aſſidu auprés du Roy, & chez la Princeſſe, auſſi ſouvent qu'il croyoit y pouvoir eſtre receu: il y eut des Tournois où il courut contre tous venans, il y fut toûjours le vainqueur, & receut le prix de la victoire, des mains de cette charmante Princeſſe ; qu'il ſe ſeroit eſtimé heureux s'il eut oſé declarer qu'il n'entroit en lice que pour la gloire de la Princeſſe, il eut ſoûtenu contre toute la terre qu'il n'y avoit qu'elle au monde digne d'eſtre ſervie. Il portoit dans ſon Ecu une emblême qui ne pouvoit eſtre expliquée que pour la hardieſſe qu'il avoit d'avoir levé les yeux juſqu'à elle, c'étoit un Aigle qui avoit volé le plus prés du ſoleil qu'il avoit pû, avec ces paroles, je ne puis bruler ny eſtre ébloui que de ſes rayons.

Les aſſiduitez de Galeran chez la Princeſſe, ſes regards paſſionez, & l'Aigle de ſon Ecu firent connoitre au Prince Pontian, que Galeran avoit l'audace de penſer à plaire à la Princeſſe;

cesse ; Le Prince Pontian estoit du sang des Rois d'Epire par sa mere, & se croyant l'homme le plus considerable de cette Cour & le plus proche de la Couronne, il n'avoit pas jugé qu'on eust osé lui disputer la Princesse, c'est pourquoi il prétendit estre en droit de punir de tous les supplices un Etranger, lequel n'estant qu'un inconnu avoit eu cependant l'audace de devenir son Rival. Il entreprit donc de l'en punir & de s'en defaire mesme par un assasinat, se tenant certain que la mort d'un homme sans parens & sans amis, en un lieu où il estoit si puissant, ne lui causeroit aucun embaras; il se mit avec quatre ou cinq homes bien armez sur le passage de Galeran qui sortoit du Palais suivy d'un seul domestique, & alloit tomber dans l'embuscade qu'on lui avoit dressée, s'il n'eut rencontré à la porte du Palais une Dame dans son chariot, qui lui proposa de prendre une place auprés d'elle, lui disant qu'elle le vouloit mener chez lui en seureté.

Galeran tout préoccupé qu'il estoit des appas de la Princesse estoit trop jeune & trop galant pour refuser les faveurs d'une personne qui par son train paroissoit fort considerable, il se mit dans le chariot, sans savoir avec qui, il n'y fut pas plutost, qu'il s'apperceut qu'il avoit cette obligation à une femme fort bien faitte, il apprit de plus qu'il lui en avoit une plus grande qu'il n'avoit creû, car elle lui declara qu'il estoit en fort grand peril, puisqu'un grand de la Cour

DES FE'ES.

avoit resolu sa perte, & l'attendoit sur son passage pour le faire perir; mais qu'elle vouloit l'en garentir en le conduisant en un lieu où elle le tiendroit en seureté pendant quelques jours, & où elle concerteroit avec lui les mesures qu'il auroit à prendre pour se mettre à couvert des entreprises de ses ennemis.

Galeran étonné de ce qu'il entendoit dire, ne sçachant quels ennemis il avoit à craindre, ne resista en aucune maniere, & malgré la répugnance qu'il avoit à s'esloigner de la Princesse il se laissa conduire aveuglement par une personne de qui il n'y avoit aucune aparence de devoir entrer en défiance, c'estoit une Fée du voisinage de la Cour, laquelle ayant connu par sa science secrette le peril où eſtoit un homme aimable, avoit voulu l'en garentir pour la gloire de faire une bonne action, & peut-eſtre auſſi dans la vûë d'obliger un homme qu'elle en jugeoit digne, & qu'elle eſperoit de trouver reconnoiſſant.

Ce n'eſtoit pas la premiere fois que la bonne Fée s'eſtoit attiré des amis par ſes bienfaits, qu'elle ne pouvoit plus eſperer par ſa beauté; comme elle avoit beaucoup d'eſprit, elle badina avec Galeran & luy dit les plus jolies choſes du monde ſur la peur qu'il devoit avoir, de ſe voir enlevé par une perſonne qu'il ne connoiſſoit pas, & d'eſtre conduit dans un lieu où il ne ſavoit quelle compagnie il trouveroit, ny quel accueil on lui feroit.

Mais la Fée en lui difant des chofes qui euffent peu l'embaraffer, le r'affeuroit de temps en temps par quelques careffes, jufques là mefme qu'on dit qu'elle lui mit la main fous le menton ; Galeran qui en toute autre occafion en feroit devenu plus hardy, n'ofa s'émanciper à aucune familiarité, ne fachant s'il n'eftoit pas entre les mains de quelque eftre au deffus de la nature humaine, qui le tranfportoit il ne favoit où, il vouloit attendre enfin à connoiftre avec qui il avoit à traiter, & où on le conduifoit : il fut bien-toft inftruit, car il arriva dans un Palais qu'on peut nommer le Palais des delices, il n'eut pas trouvé dequoi faire un fouhait ; fi c'eut efté celui de la Princeffe qu'il adoroit.

La Fée donna ses ordres en arrivant & aussitost plusieurs Esclaves s'empresserent à qui seroit le premier à courre au devant du moindre des desirs de Galeran; tous les genoux plioient devant lui, & il estoit obéi devant qu'il eust achevé de parler; tout ce qui peut enfin faire la felicité d'un mortel estoit en sa disposition, puisqu'aucun plaisir ne lui manqua, non pas ceux mesme que sa discretion l'a empesché de publier.

Aprés avoir ainsi passé quelques jours la Fée, qui entendoit fort bien raison, creût qu'il estoit temps de rendre Galeran à une Princesse qui estoit dans de grandes inquietudes de ne savoir ce qu'il estoit devenu. la Fée poussa mesme la generosité plus loin, car elle employa toute sa puissance pour ajoûter à ses premiers agrémens un air de beauté qu'il n'avoit pas eu jusques là, elle luy donna de l'or & des pierreries à pleines mains, & l'asseura qu'il pouvoit hardiment poursuivre son entreprise à la Cour, que ses ennemis avoient eû honte d'avoir formé de mauvais desseins, & y avoient absolument renoncé. Elle l'asseura encore que tous les attentats qui se fairoient contre lui avec des forces superieures ne reüssiroient jamais; quant aux Ennemis qu'il avoit à combatre à Armes égales, elle luy dit qu'elle lui vouloit laisser la gloire de les surmonter par sa vertu, & qu'elle ne s'en mesleroit pas.

Aprés cete conversation elle congedia Galeran, il répandit en partant quelques larmes qu'il donna à la reconnoissance; car il n'estoit veritablement touché que des attraits de la Princesse qu'il avoit grande impatience de revoir; comme on avoit esté fort en peine à la Cour de ce qu'il estoit devenu, on fit à son retour divers raisonnemens sur son absence & on voulut apprendre de luy ce qui l'avoit causée; le Roy l'ayant pressé la dessus, il fut obligé de luy répondre qu'il avoit fait un petit voyage pour voir quelqu'un qui venoit de sa Patrie, & qui avoit à lui parler d'affaires importantes; la Princesse l'embarassa bien davantage, comme elle prenoit plus d'interest que qui que ce fust en ce qui le regardoit (car elle estoit fort touchée de son merite) elle luy dit qu'elle vouloit absolument savoir d'où il venoit & qu'il prist

son

son temps pour lui en rendre compte.

Galeran charmé de l'inquietude qu'il voyoit à la Princesse & de l'ordre qu'il avoit receu de lui dire ce qui lui estoit arrivé, en chercha l'occasion, & l'ayant bientost trouvée il lui fit un recit exacte de son aventure, il oublia seulement quelques particularités dont un honeste homme ne peut jamais faire mention, & que la Princesse concevoit bien sans qu'on lui en parlast; l'occasion estoit trop belle pour la manquer, Galeran exagera combien il avoit souffert esloigné d'elle, & lui peignit avec des couleurs fort vives tout ce qui s'estoit passé dans son cœur depuis le premier jour qu'il l'avoit veuë; la Princesse répondit qu'elle n'avoit garde de le plaindre de la declaration qu'il lui faisoit, puisqu'elle se l'estoit attirée, mais continua-t'elle à dire, n'allez pas croire du moins que j'ajoute foy à ce que je viens d'entendre, & que je trouvasse bon que vous m'en parlassiez une autre fois : Galeran qui avoit peur que veritablement elle ne le voulust pas écouter une autre fois luy fit cent sermens d'une servitude éternelle, & n'eût aucun sujet de s'en repentir, car la Princesse continua à l'écouter avec assez de bonté, & lui dit seulement en le quittant le temps fera voir si vous dittes la verité; ce n'estoit pas dequoy desesperer un amant qui venoit de parler pour la premiere fois, aussi Galeran trés-satisfait de cette conversation ne songea plus qu'à chercher les occasions d'en avoir de pareilles, & s'expliquoit, en attendant par ses assiduitez & des regards languissans.

Galeran estoit en cet estat quand on vit arriver un Herault du Roy de Sparte qui venoit pour declarer la Guerre; le Roy d'Epire répondit qu'il l'acceptoit & qu'il se trouveroit à la teste de son Armée, il sçavoit que le Roy de Sparte seroit à la teste de la sienne, & il estoit si animé contre luy qu'il fit proclamer dans sa Cour qu'il donneroit la Princesse en mariage à celui de ses Chevaliers qui le mettroit en sa puissance; l'espoir d'une pareille recompense enflamma tous les jeunes braves d'Epire, & plus que tous les autres le Prince Pontian & Galeran, tous deux plus touchez de la beauté de la Princesse que de l'éclat de la Couronne dont elle éstoit l'heritiere.

Les deux Armées se mirent en marche peu de jours aprés, & ne tarderent pas beaucoup à se joindre ; Gàleran trouva auparavant ocasion de parler à la Princesse & luy dit qu'elle ne le reveroit jamais s'il ne conduisoit le Roy de Sparte à ses pieds, la Princesse répondit qu'elle seroit fort satisfaitté de lui voir mettre sous la puissance du Roy son pere, un Roy qui lui avoit si souvent fait la guerre de gayeté de cœur, & qu'elle alloit faire des vœux pour cela ; Galeran qui sceut expliquer dans toute son étenduë ce que venoit de dire la Princesse partit plein d'ardeur & d'esperance ; il se souvenoit des obligations qu'il avoit aux deux Fées qu'il avoit rencontrées dans les premieres occasions importantes de sa vie ; il eust passionement souhaitté d'en rencontrer une troisiéme qui l'eust voulu secourir dans une entreprise dont dépendoit le bonheur incomparable qui estoit promis au vainqueur du Roy de Sparte. Galeran estoit destiné à estre le favory des Fées, il s'en presenta une troisiéme qui lui vint offrir de combatre à ses costez & de lui montrer le Roy de Sparte, qu'il eust eu de la peine à distinguer autrement, parce qu'il avoit quatre Chevaliers dans son Armée en un Equipage semblable au sien.

Galeran avoit déja une Lance & une armure enchantées, & la genereuse Fée qui vouloit partager avec lui le peril de cette journée, lui donna un Bouclier qui étoit à l'épreuve de tous les traits, mais comme il ne couvroit pas par tout, il y avoit encore assez de danger dans cette expedition, pour y avoir beaucoup de gloire; aussitost que le combat fut commencé Galeran & sa fidelle compagne voltigerent sans s'engager jusqu'à ce qu'ils eurent reconnu le Roy de Sparte à la teste d'un Escadron.

Il en avoit déja renversé deux, qui l'estoient venu affronter, & il en attendoit un troisiéme qui marchoit à lui lance baissée, dans le moment que les deux Escadrons s'alloient joindre, Galeran s'avança, enleva le casque du Roi d'un coup de lance, & ayant saisi la bride de son cheval, le tira hors de la meslée, & le fit son prisonnier: le Roi avoit brisé sa lance contre l'armure enchantée de Galeran, & se voyant sans lance, la teste decouverte & serré de si prés qu'il ne pouvoit tirer l'espée, il declara qu'il estoit le prisonnier d'un Chevalier qui luy avoit paru invincible, & se laissa conduire; cette expedition faite, la Fée tendit la main à Galeran & lui dit qu'elle le laissoit joüir de sa victoire, & qu'elle ne lui demandoit que de se souvenir qu'elle l'avoit voulu servir sans interest, ce qu'il n'avoit pas toûjours rencontré quand il avoit eu besoin d'estre secouru. La Fée disparut, Galeran alla presenter son prisonnier au Roy d'Epire, le Prince Pontian qui venoit de mettre l'Escadron du Roy de Sparte en deroute courut & prétendit avoir droit de disputer la recompense à Galeran, soutenant que c'estoit lui qui avoit vaincu le Roy de Sparte, & que Galeran ne l'avoit fait prisonnier que parce qu'il l'avoit trouvé abandonné de son Escadron.

Aprés une longue contestation Galeran offrit de soutenir son droit par les armes en presence des deux Roys, le Prince Pontian accepta l'offre, & le Roy d'Epire ordonna le combat pour le lendemain, & aprés avoir employé le reste du jour à faire poursuivre sa victoire & avoir caressé le soir les Officiers qui y avoient le plus contribué il passa la nuit dans le repos dont on joüit quand on n'a plus d'ennemis, & le lendemain il fut témoin en présence de son armée en bataille, du combat qui devoit decider une querelle si importante.

On vit arriver presque en mesme temps les deux Chevaliers qui baisserent aussi-tost la lance, l'on eut de la peine à reconnoistre Galeran parce que ne voulant pas se servir d'armes enchantées dans un combat particulier, il n'avoit plus celles qu'il avoit portées à la bataille, mais on le devoit reconnoistre à sa fierté.

Ces deux Chevaliers animez par le prix du combat, s'affronterent comme deux lions, & ayant tous deux brisé leurs lances du premier choc, ils commancerent à coup d'espées un combat si terrible, qu'on ne les pouvoit regarder que comme de fort vaillans hommes, mais Galeran fut le plus heureux, il donna un si rude coup à Pontian, qu'il luy abatit presque le bras & lui fit tomber son espée, ce Prince sans armes fut obligé de se confesser vaincu & de ceder le prix de la victoire à un homme que la Princesse en jugeoit dans son cœur plus digne que lui.

Le Roy d'Epire qui pensoit que les Couronnes n'estoient deües qu'à la vertu, asseura la sienne à Galeran, en lui faisant épouser la Princesse sa fille; ce Mariage fut fort heureux, & le Roy fort satisfait des respects que lui rendoient ses successeurs, passa jusqu'à une extrême vieillesse dans une grande tranquillité, & laissa sa Couronne, en mourant, à deux personnes qui estoient les delices de ses sujets.

LE BIEN-FAISANT
OU
QUIRIBIRINI.
CONTE.

Il y avoit une fois un Roy qui paroissoit le plus heureux Prince du monde, il possedoit des Etats florissans dont il avoit étendu les limites par une guerre de plusieurs années, & acquis la reputation d'estre le plus vaillant & le plus sage Capitaine de son Siecle, il gouvernoit ses sujets avec tant de douceur qu'il en estoit adoré ; & pour surcroist de felicité il avoit épousé la plus aimable Princesse de son temps de qui il estoit tendrement aimé ; mais comme aucun bonheur n'est parfait, cette Princesse si aimable estoit d'une santé si delicate qu'il n'y avoit pas lieu d'esperer qu'elle eût des enfans, ny qu'elle pust vivre long-temps.

Le Roy qui le savoit en estoit dans des inquietudes mortelles, & continuellement occupé à chercher les moyens d'établir la santé de la charmante Reine, il avoit souvent des conferences avec ses Medecins, & consultoit tous les Chimiſtes qui ſe preſentoient, mais ne trouvant ni Medecins ordinaires ny Chimiſtes en qui il cruſt pouvoir prendre confiance, une femme de ſa Cour touchée de ſon embaras lui dit qu'il avoit dans ſes Etats un homme lequel ayant eſté élevé par les Fées poſſedoit toutes les ſciences ſecrettes dans la derniere perfection ; la difficulté étoit de le rencontrer, parce qu'il eſtoit toûjours en voyage, cherchant les occaſions de ſe ſervir de ſon Art pour faire du bien à tous ceux qui avoient beſoin d'eſtre ſecourus.

Le Roy ayant appris qu'il ſe tenoit ordinairement dans le fond d'une Foreſt qui n'eſtoit pas loin de la Cour, y envoya & heureuſement on le trouva de retour chez luy depuis fort peu de temps ; il suivit ceux qui l'étoient venu chercher, & ayant appris ce que le Roy souhaittoit de lui, il demanda la liberté d'aller consulter ses livres ; il connut aprés les avoir bien consultez, qu'il avoit un interest particulier que le Roy eût un fils qui succedast à sa Couronne, & il donna tous ses soins à fortifier la santé de la Reine pour la rendre capable de mettre des enfans au monde.

Comme il avoit une parfaite connoissance des simples, il les choisit si bien qu'il composa un boüillon qui mit la Reine en peu de jours dans une santé parfaite, e'le devint grosse bientost aprés, & accoucha d'un Prince qui étoit sa veritable ressemblance, & qui parut en peu d'années orné de tous les talens qu'on peut defirer pour faire un grand Prince ; il fut eslevé avec tous les soins qui peuvent contribuer à former les Heros, & ce furent des soins bien employez, car ce Prince devint incomparable.

Le Roy & la Reine estoient dans un contentement qui ne se peut exprimer de se voir un fils & un Successeur d'une si belle esperance ; mais ils ne joüirent pas long-temps de ce bonheur, ils moururent tous deux dans une même année, & laisserent ce Prince si aimable maître de leurs Estats & de sa conduite ; il estoit dans l'aage où l'on ne fait point de pas qui ne soient glissans, il se conduisit cependant & gouverna ses sujets avec tant de sagesse qu'il leur donnoit de l'admiration.

Un de ses voisins qui vouloit

se prevaloir de sa jeunesse luy declara la guerre ; le jeune Prince se mit à la teste de ses troupes, & fit tant d'actions de grande valeur qu'il reduisit ses ennemis à reconnoistre qu'ils l'avoient attaqué temerairement, & à luy demander la Paix, qu'il leur accorda mesme à des conditions fort douces ; aprés cela la grande reputation qu'il avoit acquise estant un seûr garent que ses voisins n'entreprendroient rien contre lui ; & ses Sujets vivant dans une grande tranquilité, il s'adonna à la Chasse.

Il estoit surprenant qu'un jeune Roy qui avoit à sa Cour un grand nombre de Dames charmantes parut insensible à tant d'appas, plusieurs d'entre elles formerent le dessein de lui plaire, mais ce fut inutilement, &
elles

elles regardoient avec étonnement qu'un Prince jeune & poly se conservast insensible dans le milieu de tant de belles personnes avec qui il estoit dans des conversations continuelles.

La Cour ne laissoit pas cependant d'estre fort galante malgré l'indifference du Prince, les hommes & les Dames estoient de toutes les Chasses du Prince, & y estoient chacun le plus magnifique, la Chasse finie, tous les autres plaisirs se succedoient tour à tour, le Prince seul n'estoit touché que de celui qu'il prenoit à la Chasse.

Un jour qu'il courroit le Cerf, l'ardeur de la Chasse l'ayant emporté fort loing il s'égara dans la Forest & se trouva dans un petit boccage d'arbres qui portoient des fruits & des fleurs, cet endroit luy parut trés-beau, & comme il le contemploit avec plaisir, il entendit du bruit derriere luy, il tourna la teste & vit un homme de fort mauvaise mine qui poursuivoit l'épée à la main un serpent, lequel s'estant refugié derriere le Roy comme dans un lieu de seureté, ce Prince genereux luy donna sa protection & deffendit de le tuer, mais cet homme feroce ayant toujours suivy son dessein, le Roy justement irrité alla à luy l'épée à la main, & le mit en fuitte; le Roy le voyant fuïr ne daigna le poursuivre, & fut surpris un moment aprés de voir le serpent marcher devant luy; & tourner la teste de temps en temps pour voir s'il le suivoit, ce serpent semblant luy vouloir servir de guide.

Le Roy curieux de savoir ce qu'il deviendroit le suivit veritablement & vit qu'eſtant entré dans le boccage d'où il eſtoit ſorty, il s'approcha d'un homme qui paroiſſoit endormy ſous un arbre, & incontinent le ſerpent eſtant mort, l'homme ſe releva & ſe jetta aux pieds du Roy, luy rendant graces de la vie qu'il luy venoit de conſerver.

Le Roy eſtonné de ce prodige en demanda l'explication, cet homme qu'il venoit de garentir de la mort, lui dit qu'il eſtoit celuy qui par des ſecrets qu'il poſſedoit avoit rétably la ſanté de la Reine ſa mere, & l'avoit miſe en eſtat de luy donner la naiſſance, & que le Roy & la Reine ſatisfaits de ſes ſervices, luy avoient accordé leur protection, & luy avoient permis de faire des eftabliffemens dans tous les lieux de leurs Eftats qu'il voudroit choifir, il aouta que le deffunt Roy pouffant fa bonté plus loin l'avoit nommé le bienfaifant pour marque de fa fatisfaction, enfuite il rendit compte au Roy qu'eftant pourfuivy par ce cruel homme qu'il avoit veû l'efpée à la main, il avoit rencontré un ferpent mort & s'y eftoit transformé croyant éviter la fureur de cet implacable Ennemy qui eftoit defcendu dans un port du voifinage, n'ayant pour but de fon voyage, que celuy de le tuer, dont il n'avoit efté garenty que par fa protection, car s'il euft efté tué ferpent il ne lui eût plus efté poffible de ranimer fon corps.

Le Roy eftoit tres-curieux de

savoir comment Bien-faisant se pouvoit transformer de cette sorte, & le pria de l'en instruire, Bien-faisant s'en excusa, estant cependant fort pressé par le Roy, il luy fit esperer qu'il ne luy cacheroit rien, quand il lui connoistroit la discretion necessaire pour estre propre à apprendre les sciences secrettes; pour commencer à satisfaire sa curiosité il le mena dans une grotte qu'il avoit dans le fond d'un Rocher au milieu de la Forest, & qui n'estoit connuë de personne; il y fit entrer le Roy, & y entra avec luy, par une ouverture qu'il fit en touchant le Rocher d'une baguette misterieuse qu'il portoit toûjours à la main.

Ce jeune Roy fut surpris de la beauté de cette demeure,

c'estoit un Palais où il y avoit un Appartement de plusieurs Chambres de plain-pied remplies de toutes les raretez qu'on se peut imaginer, qu'il prit grand plaisir à regarder ; Bienfaisant ouvrit un cabinet où le Roy vit un Arc, un Carquois, & un trousseau de fleches dont il fut charmé ; Bien-faisant le fit passer ensuite dans un autre Cabinet tout de glace, ou il fit paroître devant lui toutes les belles personnes de ses Etats magnifiquement vestuës; mais le Roy n'y fit presque pas d'attention ; Bienfaisant luy dit que, s'il n'estoit pas plus touché des attraits de toutes les belles personnes de plusieurs Cours étrangeres qu'il aloit lui faire voir, il luy diroit infailliblement tous ses secrets, le Roy vit passer avec une grande in-

diference une quantité infinie
de belles perfonnes, mais enfin il
parut une Princeffe d'une beauté merveilleufe qui eftoit fuivie
de toute fa Cour, elle paroif-
foit plus au deffus de toutes les
Dames qui la fuivoient par l'é-
clat de fa beauté que par celui
des Pierreries, & de toutes les
magnificences dont elle eftoit
parée, & le Roy en demeura
tellement interdit & fi attentif
à regarder l'endroit où il l'avoit
perdu de veuë, qu'il n'en détourna les yeux que pour demander qui eftoit cette charmante
perfonne fi diftinguée par fa
beauté de touttes celles qu'il venoit de voir, Bien-faifant lui dit
que c'eftoit une jeune Reine qui
commandoit dans une Region
fort efloignée ; le Roy refolut
à l'inftant de lui envoyer un

un Ambassadeur pour luy faire une declaration d'amour, & lui proposer de venir doner des loix dans un Royaume, où on les recevroit avec beaucoup de respect.

Bienfaisant avertit le Roy que la proposition de Mariage qu'il vouloit envoyer faire à cette Reine ne seroit peut-estre pas receuë si favorablement qu'il se promettoit, qu'elle venoit de refuser d'épouser un Prince fils d'un puissant Roy, qu'il estoit vray que ce Prince estoit un Geant monstreux qui ne pouvoit jamais se faire aimer, mais que ne pouvant se faire aimer il se faisoit craindre aussibien que le Roy son pere qui estoit magicien & un si mechant homme qu'il avoit obligé le Prince son fils à tenir la Reine assiegée depuis le refus qu'elle
avoit

QUIRIBIRINI. 241
avoit fait de l'épouser; Bienfaisant declara ensuite au Roy, qu'il estoit la cause de ce que le Siege tiroit en longueur, parce qu'il avoit eu le pouvoir par son art de conserver à la Reine assiegé: son port libre, par où elle recevoit les secours de ses voisins, malgré les soins du mechant Roy, qui avoit obtenu d'un Roy son allié, & aussi mechant que luy, une Armée navalle pour bloquer du costé de la Mer la Ville assiegée; mais cette Armée navalle estant retenuë dans les Rades par des calmes continuels le mechant Roy s'en estoit pris à Bienfaisant qu'il savoit en est la cause, & ayant appris dans ses livres le lieu où il estoit il s'estoit mis dans une chaloupe & estoit descendu à terre pour le chercher & le tuer, ce qu'il

X

eust executé sans la protection que la fortune lui avoit envoyé si à propos.

Bienfaisant rendit encore compte au Roy comment il avoit esté envoyé par les Fées pour traverser les desseins de ce Roy qu'elles haïssoient à cause qu'il estoit méchant, & comment elles luy avoient donnés pour executer sa commission, l'art de Féerie dont il s'estoit servi pour s'insinuer dans l'esprit de ce Roy, ce qu'il avoit si bien fait qu'estant devenu son favory, & son confident, il avoit appris ses secrets les plus cachez & s'estoit servi depuis de la connoissance qu'il en avoit, & du pouvoir de la Féerie pour traverser les cruelles entreprises qu'il faisoit, dont le Roy s'étant apperceu il l'avoit haï mortellement, & n'ayant pas douté, comme j'ay dit, que ce ne fut lui qui eust arresté son Armée navalle, il l'avoit cherché pour le faire perir.

Le Roy estant instruit que Bienfaisant avoit les dons de Féerie, & sachant les mauvais desseins du mechant Roy contre la charmante Princesse ne songea plus qu'à chercher les moyens de l'en garentir, & à prier Bienfaisant de l'y secourir par son art; Bienfaisant luy dit qu'il n'avoit besoin que d'un seul secret qu'il lui eût volontiers confié s'il luy eût creû le cœur libre, mais qu'il ne pouvoit se resoudre de se confier à un jeune Prince qui avoit une grande passion, parce qu'il craignoit d'avoir le deplaisir de le voir accablé de mille malheurs, s'il avoit la fragilité de le reveler. Il luy avoüa pourtant qu'il n'y avoit pas d'autre moyen de délivrer la Reine assiegée.

Le Roy lui fit tant de sermens de ne reveler jamais ce secret, qu'enfin Bienfaisant resolut de le luy confier, il lui dit donc qu'en prononçant le nom de Quiribirini, il auroit le pouvoir de se transformer en quel animal il voudroit, & qu'il faloit pour cela prendre cet Arc qu'il avoit trouvé si beau, & tirer une fléche en l'air en intention de tuer l'animal dont il auroit besoin, & qu'il viendroit incontinent tomber à ses pieds; le Roy prit l'Arc, & ayant tiré il vit tomber à ses pieds une Biche qu'il avoit desirée ; Bienfaisant qui ne voulut pas abandonner le Roy tira aussi une fléche en intention de tuer une Biche, & aussitost il en tomba une à ses pieds ; ils dirent tous deux Quiribirini, entrerent dans le corps de ces Biches, laisserent les leurs dans le Rochers, & coururent tous deux dans la Forest pour faire un essai du pouvoir de ce charme.

Aprés une petite course ils revinrent dans la Grotte, reprirent leur forme naturelle, raisonnerent sur les moyens de secourir la Princesse, & conclurent qu'il faloit qu'ils se transformassent en oiseaux pour pouvoir passer la Mer, ce qu'ayant fait ils voltigerent au tour de cette flotte, laquelle ayant eû enfin aprés de longs retardemens le vent favorable alloit pour bloquer le port de la Princesse, ils devancerent la flotte, & chercherent en arrivant s'ils ne pourroient pas rencontrer la Princesse dans ses Jardins, ils furent aussi heureux qu'ils l'avoient desiré, ils la virent, & la virent fort afligée, ils lui entendirent mesme dire qu'elle se seroit plustost tué de sa propre main que de consentir à épouser ce monstre qu'elle avoit en horreur & qui la tenoit assiegée ; ils se mirent sur la mesme branche pour concerter le moyen de delivrer cette charmante Princesse, & ils convinrent que Bienfaisant prendroit le corps d'un Scorpion pour aller faire mourir ce cruel Prince, ce qui réussit comme le projet en estoit fait, Bienfaisant rencontra un Scorpion mort, il en anima le corps & se traisna dans la tente du Tiran dont on avoit resolu de se deffaire, & ensuitte dans son lit, & lui fit une picqueure dont il enfla & mourut dans le jour suivant.

Aussitost que Bienfaisant eût fait son coup, il laissa le Scorpion où il l'avoit pris, reprit sa forme d'oiseau & s'en alla trouver le Roy qui l'attendoit avec impatience dans le Jardin où il l'avoit laissé, dabort que l'Armée eût sceu la mort du Prince, detestant sa cruauté & son injustice, elle leva le siege, & laissa cette charmante Princesse en repos chez elle ; le General de l'Armée navalle ayant appris que la Ville estoit délivrée du siege fit mettre à la voile, & remena ses Vaisseaux dans le port d'où ils estoient partis.

Le Roy en partant oiseau pour l'expedition qu'il venoit d'achever, avoit laissé ordre de prepa-

…er une Armée navalle, & l'ayant trouvée preste à son retour, il partit aussitost pour aller tâcher à plaire à cette Princesse qu'il avoit trouvé si charmante, & mena avec lui son cher Bienfaisant.

Sa flotte estoit la plus galante qu'on eust jamais veû, chaque Vaisseau portoit sur la poupe & à tous les Mars. des Pavillons de soïe de touttes les Couleurs, mille Banderolles de mesme, & mille flammes rendoient ce spectacle d'une beauté merveilleuse & l'air retentissoit d'un nombre infini de Trompettes, chaque corps de Vaisseau brilloit d'Or & d'Azur, & si cette Armée sentoit la poudre, c'estoit la poudre d'Iris & non pas la poudre à canon.

Le Roy moüilla l'Ancre en cet estat à la veuë de la Reine, &

lui envoya des Ambassadeurs pour lui demander la permission de lui aller offrir ses tres-hum- respects, la Reine envoya tous les grands de sa Cour recevoir le Roy à la sortie de ses Vaisseaux, & s'avança sur le Perron de son Palais pour l'attendre, jamais entreveuë ne donna une satisfaction si reciproque; le Roy fut charmé de la beauté de la Reine qui luy parut ce jour là mille fois plus touchante, la Reine de son costé trouva le Roy de si bonne mine qu'elle fut disposée dans le premier moment à écouter favorablement les propositions qu'il luy venoit faire, elle le fit loger dans un appartement magnifique, & quelques jours aprés les Nopces se firent avec une pompe sans égale.

La Reine, aprés avoir fait pendant quelques mois gouter la douceur du gouvernement de leur nouveau Maiſtre à ſes ſujets, conſentit de paſſer avec lui dans ſon Royaume où elle vécut long-temps dans une grande felicité, qui ne pouvoit eſtre égalée que par celle dont le Roy joüiſſoit; les Sujets des deux Royaumes ſe trouvoient auſſi fort heureux, ils vivoient ſous la domination la plus douce & la plus aimable qu'ils pouvoient ſouhaitter.

Le Roy Magicien meditoit dans ſes Eſtats de troubler un bonheur ſi parfait, il eſtoit au deſeſpoir de la mort de ſon fils, & de voir que la Reine qu'il a-voit pretendu luy faire épouſer, avoit épouſé ſon Ennemy, aprés avoir longtemps medité il fit en-fin le projet de ſa vengeance. Il avoit un nepveu qui eſtoit

QUIRIBIRINI.

beau & bien fait ; mais mechant comme lui, il l'asseura qu'il le feroit le successeur de ses Etats, pourveû qu'il vint à bout de le vanger de la mort de son fils, il l'instruisit, lui donna quelques uns des secrets de son art magique, & l'envoya pour menager les occasions d'executer sa vengeance ; ce jeune Prince promit au Roy son Oncle de ne rien negliger pour le satisfaire & parut à la Cour du Roy qu'il vouloit faire perir comme un Chevalier étranger qui voyageoit pour s'instruire de ce qui se passoit dans le monde.

Le Roy le receut fort favorablement & luy ayant trouvé beaucoup d'esprit il le prefera en peu de jours à tous les Seigneurs de sa Cour, & le fit son confident & son favori. Il n'y avoit qu'un seul secret que le Roy se reservoit, il prenoit un plaisir infini à aller quelques fois se promener dans la Grotte de Bienfaisant qui s'estoit absenté pour aller chercher par le monde les occasions de se servir de son art à faire de bonnes actions, le Roy n'y menoit jamais personne & se faisoit soubçonner de disparoistre pour quelque galanterie, le favori qui avoit en teste de connoistre tous les secrets du Roy pour s'en servir à l'execution de son dessein, fit l'afligé, le Roy qui l'aimoit ayant de l'inquietude de le voir triste & luy en ayant demandé la cause, il répondit qu'il estoit au desespoir du peu de confiance que S. M. prenoit en lui, qu'il ne pouvoit se consoler de lui voir faire de petits voyages où elle ne le menoit pas, & qu'il renonçoit volontiers à la vie, dont il ne pouvoit plus faire de cas depuis qu'il connoissoit qu'un si aimable Prince à qui il s'eſtoit dévoüé ne l'aimoit pas, & n'avoit aucune confiance en lui.

Le Roy luy vouloit faire entendre qu'il n'avoit pas raiſon de ſe plaindre puiſqu'il ne lui cachoit qu'un unique ſecret, qu'il eſtoit engagé d'honneur de ne jamais dire ; le favori ne ſe contenta pas des raiſons du Roy & parut s'afliger au point qu'eſtant devenu malade les Medecins le crurent en danger de ſa vie, & en avertirent le Roy, qui en fut ſi touché qu'il l'alla aſſeurer qu'il lui confieroit tout ce qu'il ſavoit & le meneroit où il avoit coutume d'aller auſſitoſt qu'il ſeroit guery, & il le pria de vouloir prendre soin de sa santé s'il estoit vray qu'il eust de l'amitié pour luy, parce que rien ne le pourroit consoller s'il le perdoit.

Le favori qui par le secret de son art avoit paru malade sans l'estre, fut bientost en estat de suivre le Roy qui le mena dans la Grotte comme il luy avoit promis; le Roy luy expliqua tout le mistere; & luy dit qu'il faloit qu'il fit tout ce qu'il luy verroit faire, mais le perfide avoit bien d'autres desseins, le Roy tira une fléche avec l'intention de tuer une Biche & il en tomba une, morte à ses pieds, il dit Quiribirini entra dans le corps de la Biche, & laissa le sien étendu dans la Grotte, l'infidelle favori au lieu de faire ce qu'il avoit promis dit Quiribiri-

QUIRIBIRINI.

ni, anima le corps du Roy, & mit l'épée à la main pour tuer la Biche, qui n'évita la mort que par sa vitesse.

Ce perfide en arrivant à la Cour avoit esté touché de la beauté de la Reine, & se voulant servir de cette occasion pour lui faire une cruelle supercherie, il s'en alla sous la forme du Roy au Palais, & pretendit ce que le Roy avoit droit de pretendre, mais la Reine avoit conceuë une si grande aversion pour celuy qu'elle voyoit, qu'on ne put jamais luy persuader de souffrir qu'il couchast dans son Appartement, c'estoit Bienfaisant qui quoy qu'absent luy inspiroit cette aversion par son art de Féerie.

Le feint Roy rendoit de grands respects à la Reine, & ne vouloit pas la contredire dans la veuë de la gagner à la fuite du temps, & afin que rien ne le puft jamais venir troubler dans ce deffein, il ordonna qu'on tuaft toutes les Biches de la Foreft, & faifoit tous les jours des parties de chaffe pour hafter cette execution.

Un jour que la Reine y eftoit dans fon Chariot il en rencontra une qui tournoit toujours la tefte du cofté de la Reine, il ne douta pas que ce ne fuft celle dont il avoit principallement deffein de fe deffaire, & il l'a pourfuivit avec tant d'ardeur qu'il l'obligea à traverfer une Riviere pour éviter la mort, elle trouva de l'autre cofté de la Riviere un poiffon mort, elle dit Quiribirini & devint poiffon; les chiens ayant aufli paffé

la

la Riviere le feint Roy ne douta point qu'ils n'euffent dévoré la Biche, & s'en retourna fort fatisfait de fa chaffe, mais la Reine qui l'avoit quittée un peu pluftoft que luy, s'eftoit retirée dans fon Apartement, & ayant fait dire qu'elle eftoit malade, elle ne l'y voulut pas recevoir.

Dans ce même temps le véritable Roy fous la forme d'un poiffon eftoit fort en peine de favoir comment il fe tireroit de l'eau, ne luy eftant pas poffible de vivre longtemps dans cet élément, il apperceut heureufement fur le bord de la Riviere un Peroquet nouvellement mort qui eftoit encore le plus joly du monde, il n'euft garde de perdre cette occafion, il dit Quiribirini & ennuyé d'eftre poiffon il entra dans le corps du joly Preroquet,

& s'envola dans les Jardins du Palais; un Grand de l'Eſtat s'y promenoit en attendant le temps de pouvoir entrer chez la Reine qu'il vouloit avertir des bruits qui ſe répandoient dans le monde de ſon averſion pour le Roy, le Peroquet ne l'euſt pas pluſtoſt apperceu qu'il luy vola ſur la main, on vint dans ce moment avertir ce Seigneur qu'on entroit chez la Reine, il y entra & ravi de joïe de pouvoir lui faire un preſent qui lui fuſt agreable, il luy porta le Perroquet, mais dans quelle ſurpriſe ne fut-on point, le Perroquet vola ſur l'épaule de la Reine, s'approcha d'elle pour la baiſer, & ſe mit enſuitte ſur ſa toilette où on lui entendit dire des choſes ſurprenantes.

La Reine eſtant entrée dans

son cabinet avec ce Seigneur qui lui avoit demandé une audiance le Perroquet y vola, & s'eſtant mis en tiers dans la converſation, il leur declara toutte ſon avanture ; ils concerterent enſemble les meſures qu'il faloit prendre pour étoufer le feint Roy de maniere qu'il abandonnaſt le corps qu'il occupoit, ſain & ſauf, ce qui fut executé fort heureuſement & fort promptement ; le Roy dans le corps du Perroquet dit Quiribirini & rentra dans le ſien.

Bien-faiſant qui avoit ſceu par ſon art la malheureuſe avanture eſtant venu au ſecours du Roy & de la Reine, les trouva enſemble & delivrez du perfide qui les avoit fait ſouffrir ; ſon avis fut de punir le Roy qui avoit tramé cette trahiſon & il s'en chargea afin qu'aucun foin ne puſt troubler deſormais la felicité d'un mariage ſi bien aſſorti des deux plus aimables mortels qu'il y euſt ſous le Ciel, ils en joüirent longtemps, & Bien-faiſant fut prié pour la rendre plus parfaite de vouloir paſſer ſa vie avec eux, ce qu'il accorda, & il fut pendant prés d'un ſiecle le plus accredité favori que les Princes ayent jamais eû.

LA PRINCESSE
COURONNE'E
PAR LES FE'ES.
CONTE.

Adis une Princesse qui avoit beaucoup d'esprit & de courage épousa un Prince qui vivoit en homme privé dans des Estats où ses Ancestres avoient Regné, & qu'un puissant Roy du Voisinage avoit usurpés aprés la mort du dernier Souverain de ce Royaume qui avoit esté tué dans une entreprise où trois

Rois perdirent la vie dans un même jour.

Cette Princesse ne fut pas plûtoſt mariée qu'elle ſongea à inſpirer au Prince ſon mary le deſſein de remonter ſur un Troſne qui luy appartenoit, elle luy en inſinuoit le deſir par ſes diſcours continuels, luy faiſant entendre qu'il eſtoit honteux d'obéïr, dans un lieu où l'on a droit de commander ; le Prince gouta peu à peu ſes raiſons ; mais les difficultez luy paroiſſoient grandes, toutes les Places de l'Eſtat uſurpé eſtoient occupées par les troupes de l'Uſurpateur, tous les Gouverneurs eſtoient ſes Sujets naturels ; il eſt vray que tous les habitans du Royaume uſurpé eſtoient au deſeſpoir de gemir il y avoit longtemps ſous le joug des Etran-

COURONNE'E. 263
gers, & d'Etrangers mefme orgueilleux & avares qui avoient rendu la domination de leur Roi odieufe à fes nouveaux Sujets; quel moyen de fe prevaloir de cette conjoncture ; le nerf de toutes les entreprifes manquoit, le Prince & la Princeffe avoient affez de bien pour vivre en perfonnes privées, mais pour faire une revolution generalle dans un Royaume, il falloit employer des fommes immenfes, il eftoit befoin de fe pourvoir d'armes & de chevaux, d'engager les timides par l'appas de l'or ; il falloit generallement faire du bien à tous ceux à qui on confieroit le fecret de l'entreprife, afin qu'ils ne puiffent pas efperer une plus grande récompenfe en le révelant que celle qu'on leur donneroit de leur fidelité par avan-

ce ; à qui avoir recours dans un besoin de cette importance.

La Princesse avoit esté eslevée dans un Chateau scitué au milieu des Rochers & des Bois, où elle avoit entendu parler du pouvoir des Fées, elle sçavoit qu'elles avoient souvent transformé en plusieurs manieres differentes, l'équipage de chasse du Prince son Pere touttes les fois qu'il s'estoit trop approché de la caverne où elles faisoient leur demeure dont elles ne vouloient laisser prendre connoissance à aucun mortel. Elle creût que si elle alloit passer quelques mois à ce Chateau qui estoit son heritage depuis la mort de son pere & de sa mere, elle pourroit menager le moyen d'établir un commerce avec les Fées ses voisines, ce qui arriva comme elle l'avoit l'avoit preveû, la conjoncture qui fit cet évenement ne pouvant eftre plus favorable pour les deffeins de la Princeffe.

Un Ogre effroyable habitué dans les mefmes bois faifoit il y avoit longtemps la guerre à fes voifins, & ne fe repaiffant que de carnage, avoit dévoré une ou deux perfonnes qui appartenoient aux Fées fes voifines, ce qui eftoit contre le droit des gens, car il y avoit toûjours eû quelque traitté d'Alliance entre les Fées & les Ogres à peu prés comme nous en avons avec les Mahometans pour la neceffité du comerce.

Les Fées irritées contre cette deteftable nation avoient refolû de l'exterminer & les Ogres aprés quelques rencontres où ils avoient toûjours eû du defavantage se trouvant inferieurs, en puissance & en enchantemens, aux Fées leurs Ennemies, estoient venus demander retraitte dans le Chateau de la Princesse, elle avoit creû qu'il estoit de l'humanité de ne pas refuser la retraite à des malheureux qui avoient recours à elle.

Les Fées, que leur art instruit de tout quand elles consultent leurs livres, ayant appris que la Princesse avoit refugié les Ogres envoyerent, luy en porter leurs plaintes, & luy firent dire que voulant conserver des égards pour une Princesse à qui elles connoissoient un grand merite elles la faisoient avertir qu'elles pouvoient reduire son Château en cendres avec leurs Ennemis qui s'y estoient refugiez, mais que puisqu'elles avoient pour elle la consideration qu'elles croyoient lui estre deuë, elles esperoient qu'elles les mettroit incontinent hors de chez elle, l'asseurant que s'il luy arrivoit d'avoir besoin d'elles en quelque ocasion importante, elle éprouveroit qu'elles estoient des voisines fort secourables, elles luy firent encore dire que si elle connoissoit la mauvaise race qu'elle avoit retirée, elle trembleroit d'avoir des hostes qui n'estoient capables d'aucune humanité.

La Princesse répondit qu'elle n'avoit donné azile chez elle que pour ne refuser pas la priere que lui faisoient des hommes qui lui avoient paru malheureux, qu'elle les alloit congedier; & qu'elle supplioit les Dames qui avoient envoyé vers elle de luy permettre de les aller voir dans leur Palais, où du moins de luy marquer un lieu où elle puſt les entretenir.

La plus importante des Fées touchée de la civilité de la Princeſſe lui vint faire viſite dans un Char tiré par ſix animaux d'une eſpece inconnuë qui avoient quatre pieds & quatre aiſles chacun, & qui alloient d'une ſi grande viteſſe qu'on eſtoit en peine de diſtinguer s'ils voloient ou s'ils marchoient ſeulement avec rapidité. Elle portoit une caſete dont elle fit preſent à la Princeſſe, & la pria de ne l'ouvrir que quand elle ſeroit partie.

Les Fées bienfaiſantes comme eſtoit celle dont je parle, ne font aucune viſite qu'elles n'accompagnent l'honneur qu'elles pretendent faire de quelques marques ſenſibles de leur bonne volonté ; la Princeſſe receut & la visite & le present avec de grandes demonstrations de reconnoissance, dont la Fée estant satisfaite lui dit qu'elle savoit les grands desseins qu'elle meditoit, dont elle ne lui parloit que pour l'asseurer qu'elle la trouveroit toûjours prête à l'y secourir parce qu'ils estoient pleins de justice.

La Princesse qui estoit bien informée que la caverne où la Fée avoit son Palais estoit inaccessible à ceux qu'elle n'y vouloit pas recevoir, lui demanda la liberté de pouvoir la voir chez elle, & la supplia de lui dire le jour qu'il luy plairoit qu'elle eust ce bonheur là; afin qu'elle fust asseurée de la trouver, & de n'interrompre aucune de ses occupations; la Fée luy marqua un jour auquel la Princesse ne
Z iiij

manqua pas, & fut receuë à l'entrée de la caverne par douze jeunes Fées chacune la plus magnifique, elles estoient vestuës de brocard d'or avec des bonnets chargés de plumes & d'aigrettes attachées avec des boucles de Diamans, & elles portoient toutes le portrait de la grande Fée au bout d'un gros ruban couleur de feu qu'elles avoient en façon de collier ; ces douze personnes ayant receu la Princesse avec de grands respects la conduisirent dans l'appartement de la Fée, qui estoit couchée sur un lit où l'or brilloit de tous les costez, avec un couvrepied de l'Idredouun.

Elle receut la Princesse en cét estat pour éviter l'embaras des ceremonies ; elle avoit une grosse Cour composée de tous les

Officiers de son Palais, & de toutes les Fées de sa famille qui estoient tous dans un grand respect au tour d'elle; il y avoit auprés de son lit un Bureau de Corail à pieces rapportées, couvert d'une écritoire d'Or émaillé, avec des papiers, des livres & des instrumens de Féerie, & sur le pied de son lit quelques petits chiens, & un peu plus bas sur des carreaux des Perroquets, des Nains, & des Singes, & enfin tout ce qui sert à l'amusement des Grands.

La Princesse fut placée auprés de la Fée dans un Fauteüil d'un prix infini, il estoit d'une broderie d'or relevée de perles en grande quantité par tout où elles pouvoient être mises sans incommoder. Aussi-tost que la Princesse fut assise, les premiers discours de civilité étant finis, tout le monde se retira par respect pour laisser la Princesse & la Fée en liberté de s'entretenir; lors qu'elles furent toutes deux seules, la Fée recommença les offres qu'elle avoit déja faites de son ministere dans les grands desseins qu'elle savoit que la Princesse avoit dans la teste ; la Princesse luy fit des remercimens du riche present qu'elle luy avoit fait, c'estoit cette cassete, que la Fée lui avoit laissée lorsqu'elle la visita, qui estoit pleine de pierreries de grand prix, la Fée lui dit qu'elle lui en fourniroit toûjours quand elle en auroit besoin pour des desseins aussi legitimes que les siens, & lui donna dans le même moment encore une cassete pleine d'Or monnoyé, afin qu'elle s'en pust servir dans les premieres occasions, en attendant qu'elle eust peû trouver à vendre ses pierreries ; elle luy donna aussi des Perroquets qui estoient Fées, afin qu'elle peût s'en servir pour porter de ses nouvelles à ceux avec qui elle entretiendroit des intelligences, & pour pouvoir apprendre par des espions si peu suspects tout ce qui se passeroit chez ceux de qui elle auroit sujet de se defier. Avec ces moyens de réussir dans son entreprise & tous les conseils, & les instructions que la Fée luy avoit données, la Princesse prit congé d'elle en l'asseurant d'une reconnoissance éternelle ; elle estoit impatiente de revoir le Prince son mary, & de mettre en œuvre tous les moyens qu'elle avoit de conduire un grand déssein, ce qui la fit partir de son Chateau aprés y estre encore demeurée seulement quelques heures.

Le Prince eût beaucoup de peine à ajoûter foy aux premiers discours que luy faisoit la Princesse de ce qui luy estoit arrivé, ce qui n'est pas surprenant ; le lecteur fera peut-estre aussi quelque difficulté de croire la relation que j'en fais ; cependant le Prince crut enfin tant de marques sensibles de ce que disoit la Princesse qu'il se resolut à tenter la fortune, l'Or & les Pierreries qu'il voyoit estoient sur tout des preuves convaincantes de ce qu'il entendoit dire. Les Perroquets acheverent de le convaincre, ils faisoient devant les gens en qui ils avoient confiance des conversations plus raisonnables que celles des hommes ordinaires ; par tout ailleurs il leur échapoit comme à tous les autres Perroquets, seulement des mots mal articulez sans aucune suite.

Le Prince ne doutant plus de la puissance de la Fée qui favorisoit son dessein creut qu'il n'y avoit plus de temps à perdre, il envoya de concert avec la Princesse un de ses Perroquets, bien instruit de ce qu'il avoit à faire, pour se tenir auprés du Gouverneur general de tout le Royaume avec ordre de revenir incontinent s'il apprenoit qu'il eust quelque connoissance de l'entreprise.

Le Perroquet estant allé dans le Jardin du Gouverneur aprés avoir volé d'Orangers en Orangers pendant une heure ou deux se laissa prendre, & ayant esté presenté au Gouverneur, il fut trouvé si joly & si carressant que le Gouverneur le fit placer dans son Cabinet dans une cage magnifique d'où il sortoit quand il lui plaisoit, il se servoit de cette liberté pour voler toûjours par tout où il voyoit le Gouverneur, particulierement quant il ne voyoit qu'une seule personne avec luy, de telle sorte qu'il ne se parloit d'aucune affaire qu'il n'en eût connoissance; aiant volé trois ou quatre fois dans le Jardin, & estant revenu incontinent, on ne l'observa plus, ce qui luy donna la facilité de rendre compte de ce qu'il avoit appris de nouveau à un autre Perroquet que le Prince envoyoit de temps en temps pour en être instruit; par où le Prince & la Princesse tirerent mille instructions qui leur firent prendre des mesures certaines pour leur entreprise.

Les autres Perroquets furent employez en plusieurs endroits du Royaume pour porter & rapporter des nouvelles, & s'en acquitterent avec toute la fidelité qu'on pouvoit desirer; les Pierreries furent venduës dans les grandes Villes & l'argent qu'on en receut aussi bien que celuy qu'on tenoit déja de la liberalité de la Fée fut distribüé avec tant de sagesse, & ensemble tant de bonheur, que tout le Royaume s'estant soulevé en un mesme jour, les garnisons de l'Usurpateur furent presque par tout désarmées, & ce fut avec si peu de sang répandu qu'il n'y a pas d'exemple parmy les hommes qu'une pareille Revolution ait esté pteparée & executée avec tant d'ordre.

Les Etrangers ayant esté congediés le Prince & la Princesse furent couronnez dans la Ville Capitale, au milieu des acclamations de tous leurs sujets, qui estoient charmez de revoir leur legitime Maistre sur le Throsne, & un Maistre si aimable qu'il ne pouvoit estre égalé en merite que par la Princesse qui avoit partagé le soin d'une si belle entreprise.

Le Prince & la Princesse reveftus de la qualité de Roy & de Reine songerent que pour se conserver contre des Ennemis trés-puissans, il faloit faire des alliances avec des Potentats qui eussent interest de balancer la puissance de leurs Ennemis; ils n'eurent pas de peine à y réus-

COURONNE'E.

fir, ils eurent recours à des Princes accoutumés à soutenir les foibles, & menagerent une alliance chez eux pour l'aîné de deux Princes qui leur devoient le jour. Ces deux Princes promettoient beaucoup dans leur premiere jeunesse ; mais l'aîné s'estant démenti les Sujets ont mieux aimé obéir au cadet, & le mariage proposé aussi bien que la Couronne a esté pour luy, quand la Princesse qui estoit destinée à l'épouser arriva dans la Capitale du Royaume dont elle alloit recevoir la Couronne elle y fit son entrée au bruit de cinq cent coups de canons tirez le long de la Riviere qui conduisoit au Palais, si cette Princesse qui estoit une des plus aimables personnes qu'on ait jamais veû n'a pas esté aussi heureuse qu'il sembloit qu'on deuſt ſe le promettre, c'eſt que le Roy & la Reine qui avoient cauſé la revolution par leur ſageſſe ne vivoient plus, & que la Fée qui les avoit protegés avoit quitté le Royaume depuis la perte qu'elle avoit faitte d'un Prince & d'une Princeſſe ſi aimables, & qui avoient conſervé pendant leur vie une reconnoiſſance parfaite de ſes faveurs.

LA

LA SUPERCHERIE MALHEUREUSE.

CONTE.

IL eſtoit autrefois un Roy qui avoit eſté marié fort jeune à une aimable Princeſſe qu'il aimoit tendrement, elle lui donna un fils & une fille &

mourut presque auſſi toſt qu'elle eut mis le dernier au monde.

Le Roy demeuré veuf, eſtant encore dans une grande jeuneſſe, contemploit dans ſes deux enfans l'image de la charmante perſonne que la mort luy avoit ravie; ne ſongeant qu'à les faire bien eſlever, & à gouverner ſon Royaume avec l'application que demande une dignité qui eſt toûjours accompagnée de grands embarras, il ne croyoit pas qu'il fuſt poſſible de rencontrer une perſonne qui euſt aſſez de merite pour r'emplacer l'aimable femme qu'il avoit perduë, & il vivoit dans une grande indifference, réſolu de ne prendre jamais aucun engagement; eſtant ſatisfait d'avoir un ſucceſſeur qu'il eſtimoit digne de luy, il jugeoit que ſes ſujets n'avoient rien à desirer, puisqu'il y avoit aparence que le sang de leurs Princes ne manqueroit pas, pour les en rendre encore plus certains, il mediroit de trouver pour son fils une jeune Princesse qui luy pût donner une alliance capable de le fortifier contre ses voisins jaloux de sa grandeur.

Aprés avoir longtemps cherché, il apprit qu'une jeune Reine qui possedoit de grands Estats avoit une fille unique, & il jugea par la relation qu'on luy en fit, qu'il ne pouvoit rien desirer de plus grand pour son fils: Il apprit en mesme temps que la Reine estoit une jeune Princesse veufve depuis fort peu de temps, que dans l'age ou elle estoit l'inclination de se remarier luy pouvoit facilement venir, & qu'elle pouroit avoir des enfans, ce qui éloigneroit la Princesse sa fille de la Couronne car le Royaume où elle regnoit estoit son heritage.

Il fit ensuite reflexion qu'il ne feroit pas de mauvais sens de songer à se rendre maistre d'un si grand Royaume, en épousant la Reine, mais il avoit declaré qu'il renonçoit au mariage, ce qui l'embarassoit, car il se piquoit de garder ses resolutions; il luy prit cependant curiosité de sçavoir si la Reine estoit encore belle, & on l'asseura qu'il n'y avoit pas une plus belle personne au monde, il poussa sa curiosité plus loin, il voulut voir son portrait, & il le fit chercher chez les gens de sa Cour qui avoient voyagé, il se trouva un fameux peintre qui l'avoit, & en original, tiré de sa propre main.

Aussi-tost que le Roy eut jetté les yeux dessus, il le paya au Peintre le prix qu'il en demanda, & le fit mettre dans son cabinet comme une piece fort rare, il prît grand plaisir à le regarder, & dans peu de jours cette charmante Reine esbranla ses résolutions, & luy inspira enfin une si grande passion, qu'il n'en avoit jamais eu une pareille; n'ayant pû y resister, & ne joüissant plus d'aucun repos, il prit le seul parti qu'il avoit à prendre, qui estoit celui d'envoyer des Ambassadeurs à cette aimable Reine, pour la supplier d'agréer le don de son cœur, & & de sa Couronne.

La Reine répondit aux Ambassadeurs qu'elle recevoit comme elle devoit la proposition que le Roy luy faisoit, qui étoit une marque de son estime dont elle avoit de la reconnoissance, mais qu'elle ne se pouvoit résoudre a s'engager qu'elle n'eust trouvé un établissement considerable pour la Princesse sa fille qu'elle aimoit uniquement, & de qui elle ne pourroit estre esloignée qu'avec une douleur insuportable ; les Ambassadeurs dirent à la Reine que le Roy avoit un fils de la plus belle esperance qu'on pût concevoir, & qu'il y avoit apparence qu'il seroit tres satisfait de lui voir épouser la Princesse, lorsqu'elle & luy seroient en age d'estre mariez : la Reine consentit à cette condition dépouser le Roy ; Les Ambassadeurs eurent ordre d'en donner à la Reine telle asseurances qu'il lui plairoit.

La ceremonie du Mariage estant faite, la Reine fut conduite à la Cour du Roi son Epoux, & y mena la Princesse sa fille pour estre eslevée auprés d'elle dans la veuë qu'elle espouseroit le Prince, se tenant asseurée qu'une Princesse aussi aimable qu'estoit sa fille toucheroit le cœur du Prince aussitost qu'il seroit en aage d'estre susceptible de tendresse; mais le Ciel en avoit disposé autrement, le Prince conceut une aversion invincible pour la Princesse dés le premier jour qu'il la vit; comme il savoit qu'on le destinoit à l'aimer & à l'épouser bientost, il eust la sagesse de se contraindre & de cacher autant qu'il luy estoit possible cette injuste aversion qu'il avoit pour une Princesse qui avoit paru trés-aimable aux yeux de toutte la Cour.

Il fit confidence à la Princesse sa sœur de l'aversion qu'il avoit pour la Princesse qu'on luy destinoit, & de la resolution qu'il avoit prise de s'esloigner de la Cour, lors qu'on le presseroit de l'épouser, & de ne pas revenir qu'il ne la sceust mariée, la Princesse sa sœur lui dit toutes les raisons qu'elle luy pouvoit dire pour le détourner de ce dessein, & n'y ayant pû réussir, elle l'obligea, lors qu'il voulut partir, à prendre ses pierreries pour lui servir dans un si grand voyage, il les prit aprés de grandes difficultés, & ne put quitter cette aimable sœur qui lui estoit si chere sans répandre des larmes; mais il n'y avoit pas de remede; tous les maux luy paroissoient petits au prix de celuy qu'il trouvoit

voit à épouser la Princesse qu'on vouloit qu'il épousast, ce qu'il ne pouvoit éviter qu'en se dérobant à la puissance du Roy son pere qui l'y vouloit contraindre. Il partit donc pour éviter ce qu'il envisageoit comme le plus grand des malheurs, & partit n'ayant pour tout Equipage que son Escuyer, & pour toute resource que les pierreries de la Pricesse sa sœur.

Il avoit laissé sur la table de son cabinet une Lettre pour le Roy par laquelle il le supplioit tres-humblement de luy pardonner la resolution qu'il avoit prise d'aller voyager jusqu'à ce qu'il eust appris que la Princesse à laquelle on le destinoit fust mariée; il estoit disoit-il fort à plaindre de n'avoir pû ployer son cœur & son esprit à obeïr à son pere &

Bb

son Roy, à qui il devoit tant de respect; mais que son étoile l'avoit fait naistre pour avoir une antipatie avec la Princesse qu'il n'avoit jamais pû vaincre, quelqu'effort de raison qu'il y eust employé; il avoüoit que c'estoit une cruelle & injuste prevention, puisque la Princesse estoit trésaimable, & digne des respects de tous ceux qui la connoissoient, il adjoutoit que ne pouvant jamais l'aimer ; il eust esté malheureux de passer sa vie avec elle, & d'avoir à se reprocher de rendre une Princesse malheureuse qui meritoit de trouver une meilleur destinée.

Le Roy averti du départ du Prince & de ses resolutions par la Lettre qu'il avoit laissée envoya des gens de tous les costés pour tâcher de le ramener, mais

MALHEUREUSE.
inutilement, le Prince avoit fait si grande diligence qu'il estoit sorti des Estats du Roy son pere avant qu'il sceut son départ; il voyagea en plusieurs Cours, où il eût diverses avantures, il se trouva enfin à la Cour d'un jeune Roy dans un Pays fort esloigné de celuy de sa naissance; il se fit presenter au Roy comme un jeune Chevalier qui cherchoit des occasions de Guerre, & des avantures de Chevalerie, le Roy le receut fort civilement, luy disant qu'il estoit le trésbien venu à sa Cour & souhaitta qu'il la trouvast assez agreable pour estre convié d'y faire un long sejour.

Le jeune Roy estoit fort addonné à la Chasse, & particulierement à celle du Sanglier, & il avoit des Forests où il en trouvoit de redoutables qu'il terrassoit toûjours, mais souvent avec peril.

Peu de jours aprés que le Prince fut arrivé, il se fit une fameuse Chasse où il ne manqua pas de se trouver, le Roy y attaqua un terrible Sanglier & lui ayant lancé son Javelot, & manqué son coup, le Sanglier vint à la charge, & tua le Cheval du Roy, qui fut obligé de faire teste à ce Sanglier en furie, à pied avec son épée pour touttes armes; il eust esté en grand danger si le jeune Prince n'estoit venu à son secours, & n'eust percé le Sanglier d'un coup de Javelot au travers de la gorge, le Sanglier se sentant griefvement blessé n'en fut que plus animé, & poursuivant le Roy, le Prince se jetta pied à terre, affronta le Sanglier, & acheva de le tuer à coups d'eſpée. Le Roy fut ſi touché de cette action qu'il embraſſa ſon deffenſeur & l'aſſura d'une reconnoiſſance éternelle. les Officiers du Roy & les Courtiſans, qui le cherchoient, arriverent dans le temps que cette action finiſſoit, & le Roy ayant monté un Cheval qu'on lui menoit en main mit fin à la Chaſſe de ce jour là, il dit à ces Courtiſans, ſans oublier la moindre circonſtance, l'obligation qu'il avoit au Chevalier qui eſtoit venu à ſon ſecours ſi à propos, qu'il lui avoit ſauvé la vie.

Depuis ce jour là tout inconnu qu'eſtoit le jeune Prince, il euſt les entrées libres par tout, & il eſtoit conſideré à la Cour comme l'eſtoient tous les Grands de l'Eſtat, & fort peu aprés il le fuſt plus qu'eux, car il devint le Favori du Roy, & ſa faveur alla ſi loin que le Roy ne luy cachoit rien de ce qu'il penſoit, ny de ce qu'il vouloit faire, & ne s'en ſeparoit que quand il alloit voir la Princeſſe ſa ſœur, qui eſtoit eſlevée dans un Chateau, ſuivant la Coutume du Pays qui ne permettoit de laiſſer voir les Princeſſes qu'à leurs proches parens, juſqu'à ce qu'elles fuſſent mariées ; & cette coutume eſtoit obſervée avec tant d'exactitude qu'aucun des Courtiſans n'entroit meſme dans l'enceinte du Parc du Chateau, de peur que la Princeſſe n'y fuſt rencontrée dans les Promenades.

Un jour le Roy par grace ſinguliere fit entrer le Prince ſon Favory dans le Parc pour en voir les raretez, & il luy fut permis d'y demeurer pendant que le Roy seroit chez la Princesse; le jeune Prince estoit monté sur un Cheval un peu ombrageux, & peu s'en falut qu'il ne luy en couta la vie, il estoit tourné du costé par où il attendoit le Roy, & s'estant un peu panché sur l'encoleure de son Cheval, la bride abandonnée, une profonde resverie l'occupoit, quand le Roy arriva tout d'un coup par un petit sentier par où on ne l'attendoit pas; il avoit songé au plaisir de surprendre son Favory, mais il en fut un moment aprés bien fâché, car ce Cheval ombrageux ayant eu peur fit deux bonds, le Prince occupé de sa resverie ayant esté surpris tomba, & fut blessé considerablement à la teste, le Roy qui en fut trés affligé envoya à toute bride chercher les Chirurgiens de la Princesse qui trouverent la playe du Prince dangereuse, le Roy qui aprehendoit de luy causer de la fievre, en le faisant transporter plus loin, le fit coucher dans un appartement du Chateau de la Princesse, où il le venoit voir tous les jours, & il en disoit continuellement tant de bien à la Princesse, qu'elle le contredit & luy soutint que toutes les merveilles qu'il en disoit ne pouvoient estre vrayes, qu'il estoit préocupé pour son Favory, & que sa préocupation lui avoit faciné les yeux, n'estant pas possible qu'il y eût un homme sous le Ciel qui fût si parfait.

Le Roy picqué de l'incredulité de la Princesse, luy dit qu'il vouloit la convaincre de la veri-

MALHEUREUSE. 297
té de ce qu'il avoit avancé, en luy faisant voir le Chevalier de qui il avoit parlé, aussitost qu'il seroit hors de danger, il ajouta qu'elle seroit punie de ses doutes & qu'elle le trouveroit peut-estre trop aimable; il avertit ensuitte le Prince qu'il vouloit lui accorder une grace qu'il n'avoit jamais accordé à personne, & qu'il luy alloit mener la Princesse dans sa chambre; elle étoit charmante, & le Prince surpris de tant de beauté & d'une grande passion qui s'empara en un premier moment de son cœur, s'obferva & fongea ferieufement à cacher sa surprife au Roy, de peur qu'il ne se fust repenti de la grace qu'il luy accordoit, & que ce ne fust la derniere fois.

Le Roy y mena tous les jours la Princesse, & le Prince s'en

trouvoit si honoré, & s'estimoit si heureux de voir cette adorable Princesse que ce qu'il craignoit le plus au monde estoit d'achever sa guerison, parce qu'il savoit que son bonheur ne dureroit qu'autant que son mal; il guerissoit cependant à veuë d'oeil, & se levoit pour prendre l'air à la fenestre.

Il y estoit un jour tenant le portrait de la Princesse sa sœur à la main, il avoit creu qu'elle avoit quelque petite ressemblance de la Princesse qu'il adoroit, & il vouloit voir s'il ne s'estoit pas trompé, le Roy qui estoit entré doucement dans sa chambre le surprit en cette occupation, & lui ayant veu un portrait garni de pierreries de grand prix ; il ne douta pas qu'il n'eût une grande passion dans le cœur, il regarda ce portrait attentivement, & le trouva si touchant qu'il crut estre dans cet instant devenu le Rival de son Favory, il en fut affligé; mais il n'estoit plus possible d'y resister; la beauté qu'il avoit veuë avoit fait de si grandes impressions qu'il n'estoit plus le Maistre de ses resolutions; le Prince ayant voulu mettre le portrait dans la poche où il le portoit, le Roy le pria de le lui laisser considerer encore un peu de temps, le Prince qui ne desiroit rien tant que d'en voir le Roy touché, le lui abandonna volontiers; le Roy le lui rendit aprés l'avoir longtemps admiré, & il n'osa demander de qui il estoit, tant il craignoit d'apprendre precisement, ce qu'il avoit déja jugé, que son Favori estoit le plus heureux des hommes d'avoir fceu plaire à une fi aimable perfonne, dont il ne croyoit pas qu'il y eut lieu de douter, parce qu'il lui voyoit fon portrait entre les mains, & fa jaloufie lui fit mefme juger qu'il le tenoit d'elle-mefme. Le Roy prevenu de cette maniere fortit affez brufquement de la chambre de fon Favory, il y étoit venu feul ce jour là, parce que la Princeffe s'eftoit trouvée un peu incommodée, il y revint le lendemain avec la Princeffe & la fit voir encore une fois à fon Favory qu'il ramena enfuite à la Cour, parce qu'il craignoit de caufer des murmures parmy fes Courtifans en continuant plus longtemps à un Etranger une fi grande grace contre les Loix de l'Eftat; le Prince trés-afligé de fa guerifon, prit congé de la

Princesse, mais d'une maniere si triste qu'elle s'apperceut, si elle y fit attention, qu'il la quittoit avec une grande douleur. Le Roy & le Prince marcherent tous deux également resveurs, mais le Prince s'estant surmonté, & ayant voulu parler au Roy, il en fut receu avec froideur, il en demeura surpris, & s'examina pour tacher d'en connoistre la cause, ce fut inutilement; il ne se reprochoit d'avoir manqué à quoy que ce fust, il s'estoit mesme si bien menagé avec tous les Courtisans qu'il ne croyoit pas qu'on eust pû avoir songé à luy rendre aucuns mauvais offices, ce qui luy donna la hardiesse de suplier trés-humblement le Roy de luy dire s'il estoit soubçonné d'avoir en quelque occasion oublié le respect, ou manqué à la fidelité qu'il devoit à un grand Roy qui l'avoit comblé de faveurs.

Le Roy ne luy répondit rien, mais aprés avoir resvé quelques momens, il le pria d'un air fort empressé de luy faire revoir le portrait qu'il luy avoit veu entre les mains dans le Palais de la Princesse; le Prince le lui donna aussi-tost, & le Roy l'aiant consideré avec une grande attention, tourna tout d'un coup la veüe sur son favori & le pria d'une maniere fort gracieuse de lui avoüer de bonne foy si ce n'estoit pas là une personne qu'il aimoit & de qui il estoit aimé; le Prince ayant dit que c'estoit veritablement une personne qu'il aimoit mais qu'elle estoit sa sœur, le Roy l'embrassa & lui avoüa in-

MALHEUREUSE. 305
genuëment qu'il avoit conceu une grande paſſion pour elle depuis le moment qu'il avoit veu ſon portrait, & que ce qui avoit cauſé la froideur dont il s'eſtoit plaint, c'eſtoit qu'il avoit eu peur de l'avoir pour ſon Rival, je ſuis dit le Roy ravi de joye d'apprendre que je n'ay pas à craindre auprés de cette charmante perſonne un homme auſſi aimable que vous, & de pouvoir au contraire eſperer de vous trouver favorable au deſſein que j'ay formé de la demander en mariage; le Prince fut charmé d'entendre parler le Roy, & creut lui devoir declarer qui il eſtoit afin de le pouvoir tirer de l'inquiétude où il pourroit eſtre de ne ſcavoir à qu'elle alliance il prétendoit, & croyant luy faire plaiſir, en

lui apprenant qu'il ne meditoit rien qui fuſt indigne de ſon rang, il lui dit qu'il eſtoit fils d'un Roy trés-puiſſant, lequel n'ayant que la Princeſſe ſa ſœur & luy d'enfans, pourroit donner à la Princeſſe des Provinces entieres pour dot ; le Roy lui répondit qu'il n'avoit à deſirer pour devenir le plus heureux des hommes, que la ſeule perſonne de la Princeſſe ſa ſœur, & qu'il renonçoit volontiers à la dot ; & eſtant impatient de ſavoir ce qu'il avoit à eſperer ou à craindre, il reſolut d'envoyer une pompeuſe Ambaſſade qui fiſt montre de ſa grandeur, pour demander la Princeſſe en Mariage. Le Prince l'aſſeura du ſuccés de ſon Ambaſſade pourveû qu'il ne donnaſt aucune connoiſſance aux Ambaſſadeurs de

ce

MALHEUREUSE. 305
ce qu'il luy avoit confié de son estat, parce que si le Roy son pere & la Reine sa belle-mere l'eussent sceu à sa Cour & aussi bien traité qu'il l'estoit, le mecontentement qu'ils avoient de lui eust esté capable de faire refuser la Princesse.

Les Ambassadeurs partirent, & le Prince fit partir un courrier pour avertir la Princesse du sujet de l'Ambassade, il luy rendit un compte exact de tout ce qui luy estoit arrivé, & du merite & de la passion du Roy qui la demandoit en mariage; le courrier qui estoit l'Ecuier du Prince, le seul à qui il eust peu confier son secret, trouva la Princesse releguée dans un Chasteau où elle avoit demandé la liberté d'aller pour se soustraire aux reproches & aux
Cc

mauvais traitemens que la Reine luy avoit continuellement faits depuis le départ du Prince son frere, qu'elle la soupçonnoit d'avoir sceu; La Princesse estoit encore dans ce Chasteau quand les Ambassadeurs arriverent à la Cour, & comme elle estoit avertie par le courrier qui les avoit devancé du sujet de leur voyage, elle attendoit tous les jours des nouvelles du Roi son pere, mais la Reine qui avoit tout pouvoir sur l'esprit du Roy, avoit obtenu qu'elle n'en apprendroit point, & elle avoit de plus obtenu de faire la plus grande supercherie qui eust jamais esté faite à des Ambassadeurs & à un puissant Roy qui les envoyoit, elle lui faisoit aussi renoncer aux interests de son propre sang en suppofant une autre personne en la place de la Princeffe fa fille, mais la Reine luy fit croire qu'il avoit le moyen de revoir un fils qui luy eftoit fi cher, en ne montrant aux Ambaffadeurs que la Princeffe qui caufoit fon abfence; qu'il feroit facile de leur faire prendre pour celle qu'ils demandoient, pourveu qu'on ufaft de diligence; le Roy y ayant donné fon confentement, cette intrigue fut conduite fi habillement qu'elle réuffit, & les Ambaffadeurs, les ceremonies du mariage étant faites, amenerent la Princeffe fille de la Reine en grande pompe; la Princeffe à qui cette fupercherie fe faifoit, eftant avertie, comme j'ay dit, que les Ambaffadeurs eftoient venus pour la demander, impatiente de n'entendre pas parler du Roy, envoya un homme affidé à la Cour pour apprendre ce qui s'y paſſoit, ayant ſcû à ſon retour que les Ambaſſadeurs eſtoient partis, & amenoient la fille de la Reine pour occuper un Thrône qui luy eſtoit deſtiné, réſoluë de tout mettre en uſage pour ſe venger de l'affront qu'on luy faiſoit, eut recours à une Fée avec qui elle avoit fait connoiſſance dans ſa retraite, & qui l'avoit aſſeurée qu'elle la ſerviroit de tout le pouvoir que lui donnoit ſon art dans toutes les occaſions importantes de ſa vie; cependant la nouvelle Reine s'approchoit de la Cour où on la conduiſoit, & le Roy qui eſtoit venu au devant d'elle ne la trouvant pas ſemblable au portrait que son favori lui avoit donné, s'en prit à lui & l'envoya sans vouloir l'entendre dans un Chasteau pour y attendre le châtiment d'une tromperie qu'il croyoit qu'il luy avoit faite, & ayant appris de ses Ambassadeurs qu'ils n'avoient pas veu d'autre Princesse à la Cour, il résolut de conclurre son Mariage malgré la répugnance horrible dont il avoit esté saisi à la veüe de cette Princesse si differente du Portrait qu'il avoit veu, il résolut en mesme temps de punir du dernier supplice son favori, qui luy avoit fait, croyoit-il, une si cruelle supercherie, & envoya ordre de le faire mourir. Les tristes nopces se preparoient quand on vit arriver à la Cour la veritable Princesse que le Roy avoit eu deſſein d'épouſer, elle avoit eu recours à la Fée ſa voiſine qui luy avoit donné un Chariot volant dans lequel elle s'étoit tranſportée en fort peu de tems dans le lieu où ſa Rivale alloit triompher, elle ſe preſenta à la Cour en arrivant, & le Roy l'ayant reconnüe à la reſſemblance du portrait, il n'euſt pas de peine à croire ce qu'elle luy dit ; elle demanda avec de grands empreſſemens des nouvelles du Prince ſon frere ; le Roy luy avoüa les ordres qu'il avoit donnez, & deſpecha en toute diligence pour en porter la révocation, & faire venir inceſſament le Prince pour prendre part à la joye qu'il avoit d'avoir decouvert la ſupercherie qu'on luy faiſoit, & voir la Princeſſe ſa sœur que

MALHEUREUSE. 311
le Roy avoit trouvé cent fois plus aimable que ne promettoit son portrait ; les preparatifs qu'on avoit faits pour les tristes nopces, ausquelles le Roi s'estoit résolu par politique, furent convertis en mille magnificences qu'il ordonna, quoy qu'à la haste, ne voulant pas differer son bonheur d'un jour; la Princesse qui avoit fait la supercherie fut traitée avec toute sorte d'égards, le Roi ordonna aux mesmes Ambassadeurs de la ramener à la Reine sa mere; cette malheureuse Princesse demanda que ce fut dans ce mesme moment pour s'épargner la douleur d'estre témoin du Triomphe de sa Rivale, ce qui s'executa comme elle l'avoit demandé. Le Roi estoit si satisfait de se voir à la veille de

posseder la charmante Princesse qu'il avoit si passionement desirée, qu'il ne songea à faire aucune plainte de la supercherie qu'on luy avoit faite ; le Favori arriva pour rendre par sa presence la felicité du Roy parfaitte, la sienne la fut aussi, car le Roy qui scavoit sa passion pour la Princesse sa sœur la luy accorda. Cette journée est trés remarquable par une des plus grandes & des plus subites révolutions qui soient arrivées parmi les hommes : quatre personnes qui estoient au desespoir se trouvent en un moment au comble de la felicité. Les deux Mariages se firent & ces quatre personnes passerent une longue vie fort heureuse. Le Prince succeda aux Estats du Roy son pere mort peu de tems
aprés

aprés cét évenement, & ſes ſujets vécurent dans un grand contentement de ſe voir gouvernés par un Roy & une Reine qui eſtoient la bonté & la ſageſſe meſme.

L'ISLE INACCESSIBLE.

CONTE.

UNE jeune Princesse d'une beauté infinie étoit Souveraine d'une Isle où rien ne manquoit de ce qui fait les desirs de tout les hommes, les maisons y estoient couvertes de lames d'or, & les Temples & les Palais en estoient pavés.

Les habitans de l'Isle vivoient en parfaitte santé chacun plus d'un Siecle, & cette longue vie n'eſtoit troublée ny par les Procés ny par les querelles; l'on n'y joüoit pas à ces jeux ſi pleins de tumulte que l'avarice a inventez. On y ſongeoit ſeulement à prendre des plaiſirs tranquilles qui ne coûtoient ny ſoin ny inquietude.

Cette Iſle avoit toûjours eſté inconnuë au reſte des hommes, on s'y trouvoit ſi heureux qu'on n'en vouloit pas ſortir, & l'on n'y vouloit pas recevoir d'Etrangers de peur qu'ils ne corrompiſſent les mœurs innocentes des habitans; les hommes de ce temps là, qui avoient été ſi curieux de faire des découvertes, avoient paſſé & repaſſé auprés de l'Iſle ſans en avoir eu la moindre connoiſſance, la nature luy avoit mis tout au tour une chaiſne de Rochers qui la rendoient inacceſſible, &

avoit seulement laissé un passage qui conduisoit à un Port admirable qui estoit dans l'Isle, c'estoit même domage qu'on ne s'en servît, car mille Vaisseaux y eussent esté fort au large.

Depuis que les hommes s'étoient mis à chercher de nouvelles habitations & qu'on eût fait tant de merveilleuses découvertes, les Princes de l'Isle qui connoissoient le pouvoir de plusieurs Fées qu'ils avoient eu chez eux de temps immemorial les prièrent d'empécher par leur art que ces curieux si fameux qui avoient déja penetré en tant de lieux inconnus à tous les siecles precedens, ne pussent penetrer aussi chez eux ; le seul remede que les Fées y trouverent fut d'entourer l'Isle d'une nuë si épaisse qu'on ne pust rien voir au travers & cela eut un si bon succés, que ceux qui avoient déja navigué, à la veuë des Rochers estant revenus pour chercher un passage, & tâcher à reconnoître si ces Rochers n'enfermoient pas une Isle, n'y reconnûrent plus rien, n'ayant trouvé dans les endroits, où ils croyoient les avoir veû qu'une épaisse obscurité que les meilleurs yeux ne pouvoient penetrer.

Les Princes de l'Isle depuis un Siecle ou deux avoient eu curiosité de savoir ce qui se passoit en Terre ferme, & leur coutume estoit d'envoyer de temps en temps des espions chez leurs plus proches voisins; ils y envoyoient les plus affidez & les plus habiles de leurs Courtisans à qui les Fées donnoient par leur art le pouvoir de voler aussi loin qu'il leur plaisoit en se reposant de temps en temps sur quelque Rocher, elles leur avoient aussi donné le moyen de devenir invisibles en leur faisant porter des robes qui étoient brillantes comme la lumiere du jour. Cette commodité d'envoyer chez les Voisins avoit instruit les habitans de l'Isle de tout ce qui se passoit dans le monde, si bien qu'il s'estoit eslevé parmy eux des troupes de politiques, ou autrement des nouvelistes qui raisonnoient comme leurs pareils raisonnent à Paris sur les desseins, & la conduite des Potentats; avec cette difference que ceux de l'Isle estoient souvent plus instruits que le plus éclairé de tous ceux que nous connoissons, qui ont cependant la hardiesse de decider sur les motifs de la Paix

& de la Guere, dont ils n'ont pas la moindre notion.

La Princesse qui commançoit à avancer en aage s'ennuïa de la trop grande tranquilité où elle vivoit ; elle avoit sceu par le rapport de ses espions qu'il y avoit un Roy puissant en terre ferme, lequel avoit aquis une grande gloire à la teste de ses Armées, & une grande reputation de sagesse à la teste de tous ses Conseils, ce qui l'avoit rendu redoutable à tous ses voisins; il estoit si doux, si poli & si affable qu'il faisoit les delices de ses sujets ; il tenoit une Cour magnifique où tous les plaisirs abondoient, les Carousels, les Tournois, la Chasse, le Bal, la Musique, la Comedie, & quelques fois la bonne chere l'occupoient, aussi bien que toutes les

Dames, & tous les hommes de sa Cour; Et dans le milieu de tout cela il ne paroissot vouloir prendre aucun engagement; il estoit par dessus tout le plus beau des hommes de sa Cour, mais sa beauté estoit accompagnée de tant de Majesté & d'une mine si relevée qu'on ne le pouvoit prendre que pour un Heros; il avoit laissé tirer son portrait à tous les Peintres qui le desiroient lesquels avoient la liberté d'y travailler tous les matins pendant qu'il s'habilloit; la Princesse de l'Isle qui le savoit chargea un de ses Espions de le luy apporter, & aussi-tost qu'elle l'eust veû elle se trouva saisie d'une douleur subite de ce que son Isle étoit inconnuë, les plaisirs tranquilles de sa Cour lui parurent insipides, & elle trouvoit tous

INACCESSIBLE.

ſes Courtiſans infiniment au deſſous d'un Roy de ſi bonne mine, & d'une ſi belle reputation, elle avoit leu quelques livres pleins de grandes avantures, qui luy avoient tellement relevé le courage qu'elle ne pouvoit plus entendre parler que de Heros ou d'actions heroiques, & elle s'étoit enfin imaginée qu'elle ne ſeroit jamais heureuſe ſi le grand Roy qu'elle eſtimoit tant ne ſongeoit à l'épouſer, mais comment faire, elle n'en eſtoit pas connuë non plus que l'Iſle ou elle regnoit.

Elle fit appeller celle de toutes les Fées de ſes Eſtats qui avoit la reputation d'eſtre la plus ſavante, & aprés lui avoir communiqué le deſir qu'elle avoit de prendre une alliance hors de ſon Iſle, & luy avoir parlé du merite du grand Roy, elle demanda de quels moyens elle se pourroit servir pour lui faire connoistre les dispositions où elle estoit pour lui, & comment elle pourroit réussir à lui en faire naistre de semblables pour elle; la Fée lui dit qu'il faloit premierement luy donner connoissance de l'Isle afin qu'il lui prist quelque curiosité de savoir ce qui s'y passoit, ne doutant point que s'il entendoit parler du merite de la Princesse qui y donnoit la Loy, il n'eust incontinent une plus grande passion de la posseder que son Isle.

Il sembloit veritablement que ce fust la destinée du grand Roy d'aimer la Princesse, puisqu'elle estoit une des plus belles personnes du monde, & qu'il n'avoit encore jamais esté touché d'aucune autre beauté quoy que sa

Cour fuſt remplie de perſonnes tres-aimables; la Princeſſe de ſon coſté ſembloit lui reſerver ſon cœur, car quoy qu'elle euſt dans ſon Iſle des Princes de ſon ſang & pluſieurs autres Grands trés-capables de toucher une jeune Princeſſe, elle les avoit toûjours regardé avec une grande indifference.

Enfin la Princeſſe conſeillée par la ſavante Fée reſolut d'envoyer à la Cour du grand Roy le dernier Eſpion qu'elle y avoit employé inviſible, il y vola par l'art de Feérie à ſon ordinaire, mais il avoit ordre d'y paroiſtre dans la ſuitte comme un Etranger qui voyageoit. La Princeſſe luy avoit donné de l'argent & des pierreries ; dont il ſe ſervit pour s'habiller à la maniere du Païs, & il s'introduiſit dans les bonnes compagnies.

Aprés y avoir fait quelque séjour, il trouva moyen de se mettre en familiarité avec ceux qui estoient plus particulierement dans la confidence du grand Roy. Et estant un jour à la table de l'un d'eux, où il y avoit d'autres Etrangers, un chacun raisonnant du merite de son Souverain, il soutint qu'il avoit l'honneur d'estre sous les Loix d'une Princesse à qui il estoit plus glorieux d'obéir que de commander ailleurs ; la contestation s'échaufant il dit qu'il avoit dequoy justifier ce qu'il avoit avancé, & ayant fait voir le portrait de la Princesse, qu'il portoit dans une boëte garnie de pierreries d'une richesse immense ; il attira les yeux de tous ceux qui estoient presens, & ils se leverent tous pour rendre une espece d'homage à la beauté de la Princeſſe, & la contempler de plus prés; il fut auſſitoſt prié de dire quelle partie de la Terre eſtoit le lieu de la naiſſance d'une Princeſſe ſi merveilleuſe ; mais il fit difficulté de dire ſon ſecret, & un chacun par diſcretion ne lui en parla plus, la converſation changea, & le repas eſtant finy, le bruit fut bien-toſt répandu à la Cour de la beauté ſurprenante d'une Princeſſe de qui l'on avoit veu le Portrait & que perſonne de la Cour ne connoiſſoit.

Le Roy curieux d'apprendre ce qu'il n'avoit entendu que confuſement, & de voir la peinture d'une Princeſſe ſi charmante envoya dire à l'Etranger qui l'avoit en ſa poſſeſſion, qu'il ſouhaittoit de luy parler; l'envoyé de la Princeſſe qui ne demandoit pas mieux, dit au grand Roy tout ce qui pouvoit luy faire naiſtre une grande paſſion de poſſeder la Princeſſe, & ſon Iſle, & le portrait qu'il montra acheva ce qu'il avoit commencé par ſes diſcours, le Roy ſurpris de tant de merveilles les contempla longtemps ſans détourner les yeux, & s'il les détourna ce ne fût qu'en ſoupirant, & pour prier avec un trés-grand empreſſement l'envoyé de luy dire s'il ne luy ſeroit pas poſſible de voir une Princeſſe ſi charmante, l'envoyé luy ayant répondu que tout eſtoit poſſible pour un grand Roy comme luy, & que la Princeſſe qui commandoit dans une Iſle inacceſſible à tout autre puiſſance, la rendroit apparement d'un plus facile abord pour luy, qu'elle eſtimoit déja infiniment

INACCESSIBLE. 127
sur les fidelles relations qui luy avoient esté faittes de toutes ses grandes qualités; le Roy luy dit que s'il luy facilitoit le moyen de voir une Princesse sans laquelle il croioit ne pouvoir plus vivre, il n'y avoit rien qu'il ne pût obtenir de luy, qu'il n'avoit qu'à desirer, l'envoyé répondit encore au Roy que croyant que sa Souveraine l'auroit agreable, il l'à luy feroit voir quand il lui plairoit, & que c'estoit sans espoir de recompense puisqu'il n'en pouvoit recevoir que de la Princesse à qui il avoit fait serment de fidelité.

Aprés une conference secrete avec le Roy l'envoyé de la Princesse partit pour l'aller avertir que le plus grand Roy du monde souhaittoit passionement de la voir, & de l'épouser, & qu'il viendroit avec une Flotte d'une magnificence infinie si elle avoit agreable de faire rendre praticable le passage à son Isle.

La Princesse fit apeller la savante Fée, qui mit sur la pointe de deux Rochers aux costez du passage au Port deux globes de diamans, qui jettoient tant de feu que tous les rayons du Soleil ne portoient pas plus de lumieres ; l'envoyé fut depesché pour en aller porter la nouvelle au grand Roy qui fit mettre incontinent à la voile tres impatient de voir la Princesse qui faisoit tous ses desirs.

Le bruit de cette nouvelle decouverte d'une Isle inconnuë & d'une Princesse miraculeuse s'étant répandu dans le monde, un Roy voisin & jaloux de toutes les prosperitez du grand Roy resolut

INACCESSIBLE. 129
solut de luy disputer la possession de la Princesse, & se mit en teste d'en faire la conqueste & celle de son Isle; & le grand Roy ne fut pas plustost en pleine Mer. qu'il se vit suivy d'une Flotte formidable, ce qu'il y avoit encore de plus à craindre, c'est que le Roy qui la commandoit avoit auprés de luy une Fée de qui les secrets estoient si puissans que rien jusques là n'avoit pû luy resister, elle estoit depuis peu devenuë l'amie du Roy auprés duquel elle estoit, & elle lui avoit promis de le mettre au dessus de tous ses voisins; la premiere occasion qui s'offrit d'esprouver son amitié & sa puissance fut celle de la conqueste de la merveilleuse Princesse & de son Isle, & la Fée ne sçachant pas qu'elle trouveroit en teste
Ee

une puissance plus grande que la sienne avoit promis des merveilles ; les deux Flottes voguoient d'un mesme vent, & se suivant de prés s'approchoient en mesme temps de l'Isle.

La savante Fée qui avoit toûjours l'œil au guet sur les interests de la Princesse ayant appris par son art que les deux Flottes aprochoient de l'Isle envoya une troupe de Dauphins à qui elle avoit départy quelques dons de Feérie, & qui ayant rencontré la Flotte du grand Roy, se mirent autour de son Vaisseau pour lui servir de Pilotes & le conduire dans le Port ; c'estoit un spectacle charmant de voir une troupe de superbes Dauphins qui s'empressoient à qui marcheroit plus prés du Vaisseau Royal, la Flotte ennemie estoit au contraire assiegée de Monstres marins, & de grosses Baleines qui ne lui faisoient voir que des objets desagreables, & pour surcroist de disgrace le vent luy devint contraire, dans le temps que celle du grand Roy l'avoit en poupe & voguoit à pleines voiles pour passer entre les deux Rochers qui portoient chacun un globe de diamans en guise de fanal.

Le Roy voyant échoüer tous ses projets fit des reproches à la Fée son amie de ce qu'elle luy manquoit au besoin, elle s'excusa le mieux qu'elle pût, disant qu'il faloit que quelque puissance superieure s'en meslât, & ne pouvant faire mieux elle lança une infinité de boules de feu contre la Flotte du grand Roy, mais inutilement, il n'y en eût aucune qui parvint à la moitié de la distance qui estoit entre les deux Flottes.

Le Roy au desespoir de voir qu'il ne pouvoit combatre le grand Roy qui alloit triompher de tous ses projets faisoit faire force de voiles pour tâcher à le suivre, mais un grand orage s'étant tout d'un coup êlevé, sa Flotte fut dispersée, quelques uns de ses Vaisseaux s'allerent briser contre les Rochers qui faisoient les remparts de l'Isle, & celuy qui le portoit fut jetté à la coste de ses Estats pendant que le Grand Roy entroit dans le Port de l'Isle au bruit de cent Trompettes.

Quel plaisir pour la merveilleuse Princesse de voir de dessus un balcon de son Palais qui avoit veuë sur le Port mille magnificences qu'elle n'avoit pas connuës, le Vaisseau Royal qui paroissoit à la teste de tous estoit chargé d'enseignes, de Banderolles, & de Flammes de soye de toutes les couleurs, & il brilloit d'Or, & d'Azur de tous les costez.

Aussitost que le grand Roy fut entré dans le Port; il envoya des Ambassadeurs à la Princesse pour la supplier de trouver bon qu'il mist pied à terre dans ses Estats, & de lui permettre d'aller lui offrir les homages d'un cœur qui estoit rempli de respects infinis pour elle, & d'une grande passion de les lui rendre agreables La Princesse répondit qu'elle verroit le Roy chez elle avec beaucoup de plaisirs, & qu'elle l'attendoit avec impatience, le Roy descendit incontinent, & la Princesse estant venuë au devant de lui jufqu'à la porte de fon appartement, la furprife fut égalle entre eux, le Roy trouva la Princeffe cent fois plus belle que fon Portrait, & la Princeffe trouva le Roy cent fois au deffus de tout ce qu'elle en avoit creu; la furprife fut fuivie de difcours pleins de politeffe, & le Roy fut conduit par tous les Grands de la Cour de la Princeffe dans un appertement où l'on ne pouvoit jetter les yeux que fur des pierres precieufes, ou des draps d'or & de foye qui compofoient tous les meubles preparez pour la reception d'un fi grand Roy.

On fit fervir au Roy un grand repas où rien ne manquoit de ce ce qui pouvoit fatisfaire ou le gouft ou la veuë, il avoit efté preparé & fût fervi par quatre jeunes Fées qui portoient chacune une robe parfemée de rubis, elles mirent fur la table du Roy des mets delicieux dont quelques uns luy eftoient inconnus, auffi bien que la matiere des plats qui eftoit cent fois plus belle que le plus fin or, le buffet eftoit de mefme chargé de flacons de matieres peu connuës, & auffi brillantes que les plats, on fçait feulement qu'il y en avoit deux qui eftoient deux fi groffes perles qu'il n'eft pas poffible que la nature en ait formé deux autres pareilles; le Roy but dans une coupe faite d'une feule emeraude, d'une liqueur plus delicieufe que tout le nectar & l'ambroifie qu'on fert à la table des Maiftres du monde; mais toute la magnificence & les delices dont je viens de parler n'arresterent le Roy qu'un moment, il entra incontinent dans un cabinet où il fit apeler ses Ambassadeurs, & les envoya pour dire à la Princesse le sujet de son voyage, & regler avec elle, si elle avoit son dessein agreable, les conventions & l'heure de leur mariage, c'est à dire recevoir ses loix, car c'estoit l'ordre que le grand Roy avoit donné à ses Ambassadeurs, les conventions ayant esté bientost reglées le Roy vit incontinent la Princesse, & le mariage se fit le lendemain, il fut suivi d'une infinité de jours & d'années d'une felicité toûjours parfaite.

Le Roy aprés avoir fait un sejour de quelques mois dans l'Isle qu'il trouvoit delicieuse, mena la Princesse dans ses Etats, où il la fit Couronner en grande pompe;

pe ; plusieurs de ses Courtisans s'estoient aussi mariez dans l'Isle où ils avoient rencontré des Dames trés-aimables qui furent charmées d'avoir le moyen de ne quitter jamais de veuë, pour ainsi dire, une Souveraine qui faisoit les delices de tous ses sujets.

Le grand Roy pour recompenser la savante Fée de tout ce qu'elle avoit fait pour luy, voulut qu'elle commandast dans l'Isle, ce qu'elle accepta pour y faire, répondit-elle, celebrer le nom & le merite d'un Roy, & d'une Reine si aimables, & faire executer ponctuellement leurs ordres ; ainsi les habitans de l'Isle aussi bien que ceux de terre ferme qui obéissoient à d'aussi illustres Souverains gouterent longtemps la parfaite felicité

F f

338 L'ISLE INACCESSIBLE.
qu'il y a à recevoir des loix dif-
penſées avec une exacte juſtice,
& émanées d'un Throſne tout
brillant de gloire.

FIN.

CATALOGUE

DES LIVRES NOUVEAUX Imprimez à Paris, chez Medard-Michel Brunet, au Palais à l'entrée de la grande Salle à l'Esperance.

Histoire d'Hollande, *par Mr de la Neuville.* 12. 4. vol. 6. l.

Histoire de la Monarchie Françoise sous le Regne de Loüis le Grand, contenant ce qui s'est passé de plus remarquable depuis son elevation sur le Thrône, jusqu'à la Paix d'aujourd'huy, *par Mr Corneille.* 12. 3. vol. 5. l.

Le nouvel Estat de la France 1698. 12. 3. vol. 5. l.

Les illustres Fées, Contes galans, dediez aux Dames. 1. l. 16. s.

Les Amours de la belle Junie, ou les nobles sentimens Romains. Dedié à Monseigneur, *par Madame de P…* 12. 1. l. 10. s.

Le Duc de Guise, surnommé le Balafré. 12. 1. l. 16. s.

Sentimens d'une ame pénitente, & le retour d'une ame à Dieu, avec des Reflexions chrestiennes, *par Madame D…* 12. 1. l. 16. s.

Avantures & Lettres galantes, avec la promenade des Tuilleries, dedié au beau Sexe. 12. 1. l. 16. s.

Le Triomphe de la Bazoche & les Amours de Maistre Sebastien Crapignan 12. 12. s.

Caractere ou Portrait d'un honneste homme avec des pensées & des reflexions ingenieuses & morales. 12. 1 l. 16. s.

Histoire des guerres civiles de France, par Mr Davila. 12. 4. vol. 6. l.

Toutes les Histoires des Rois de France, par Mr de Varillas. 12. 31 vol. 60. l.

Les Nouvelles Espagnolles 12. 2. vol. 3. l. 12 s.

Les Memoires de la Cour d'Espagne. 12. 2. vol. 3. l. 12. s.

Les Memoires de la Cour d'Angleterre. 12. 2. vol. 3. l. 12. s.

Les Memoires historiques contenant ce qui s'est passé de plus remarquable dans l'Europe. 12. 2. vol. 3. l. 12. s.

Histoire de l'admirable Dom Quichotte de la Manche. 1. 5. vol. 12. l.

Recueil de chansons choisies, par Mr Coulangé 12. 2. vol. 4 l.

La Princesse de Cleves. 12. 2. vol. 3. l. 12. s.

Les Oeuvres meslées de Mr de S. Euvremont. 12. 5. vol. 6. l.

Les Oeuvres posthumes de M. de S. Réal. 12. 2. vol. 3. l.

Histoire du monde, par Mr Chevreau. 12. 5. vol. 10. l.

Virgile, de la traduction de Mr de Martignac 12. 3. vol. 6. l.

On trouve aussi dans la mesme Boutique toutes sortes de Livres de Droit, d'Histoires, comme aussi toutes sortes de Livres nouveaux.

www.ingramcontent.com/pod-product-compliance
Lightning Source LLC
Chambersburg PA
CBHW060456170426
43199CB00011B/1230